家づくりが変わる

一級建築士
兼坂亮一

初めて建てた稲城市の自宅

主婦のための設計教室の風景

平成元年に建てた自宅の外観

寝室のボウウィンドウ

北欧の防音断熱ドア

土間床工法の建築現場

蓄熱式床暖房の温水パイプ

現在の自宅の外観

車椅子用に設けた玄関ポーチのスロープ

真夏の温度・湿度の比較

（ウェルダンのモデルハウス調べ）

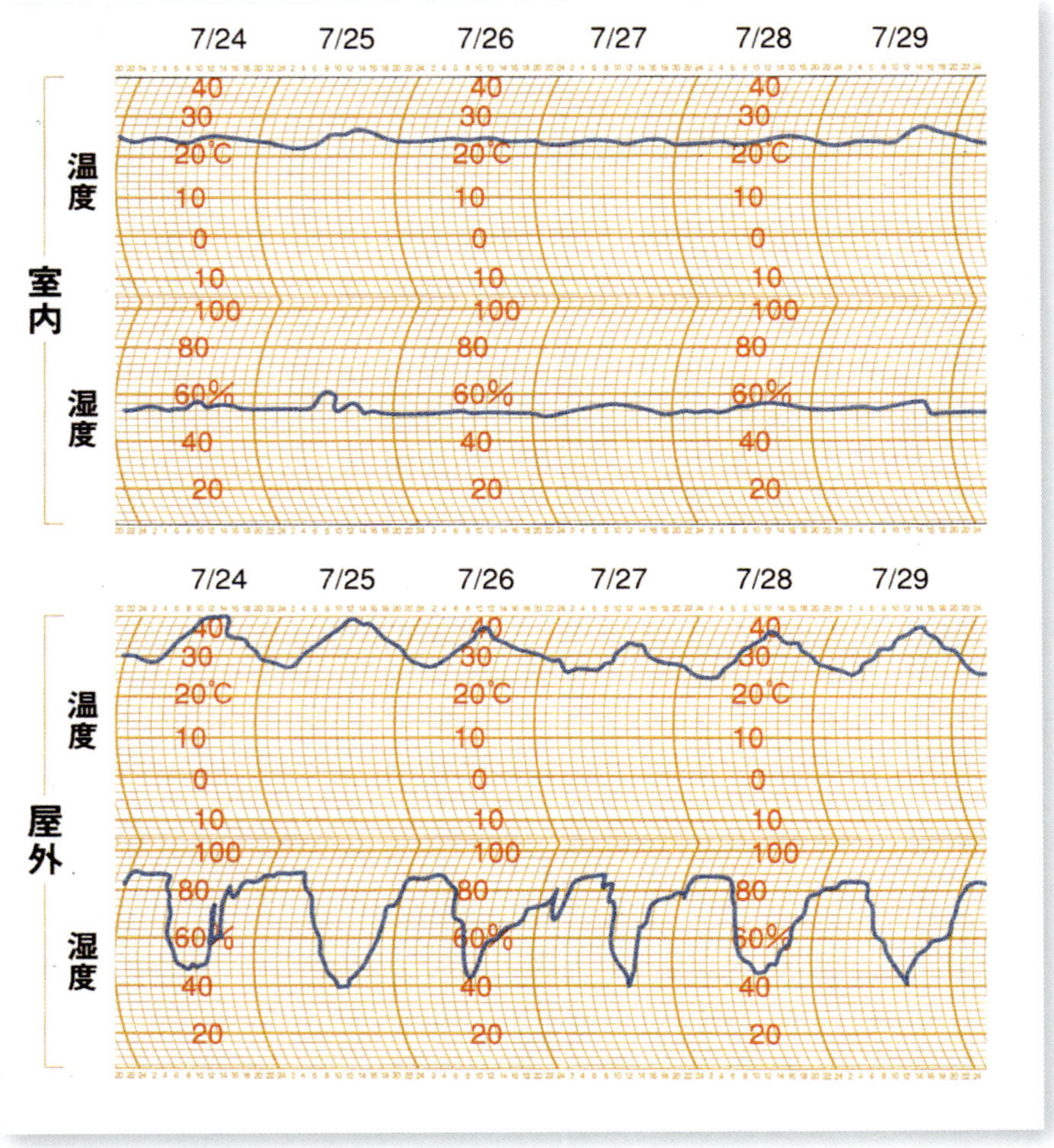

外気温は連日 36℃を超えていても、室内の温度は 25℃前後、
湿度は 60％以下に保たれている

真冬の温度・湿度の比較

（ウェルダンのモデルハウス調べ）

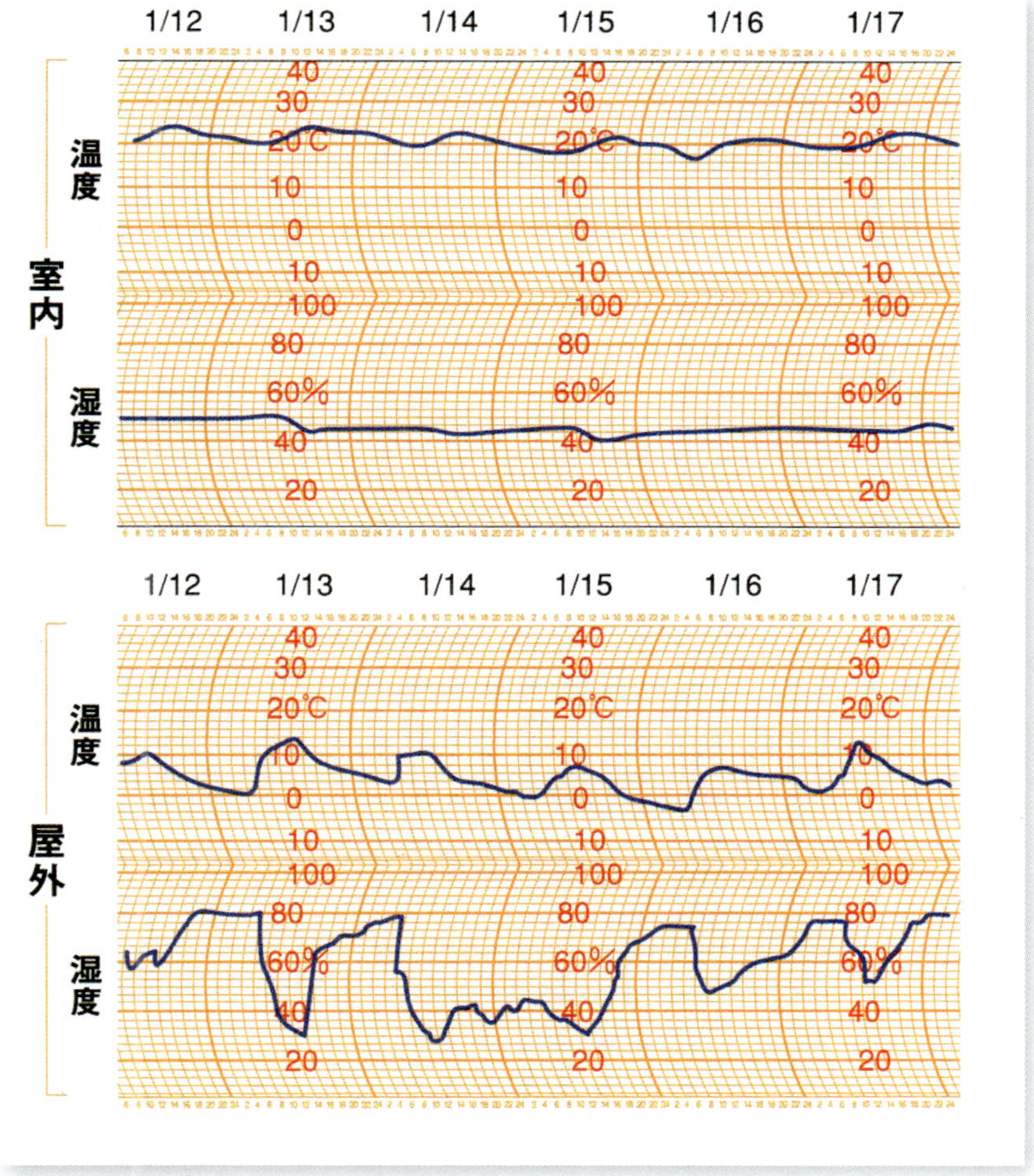

外気温が0℃になっても室内温度は20℃前後を保ち、
湿度も一定で結露は発生しない

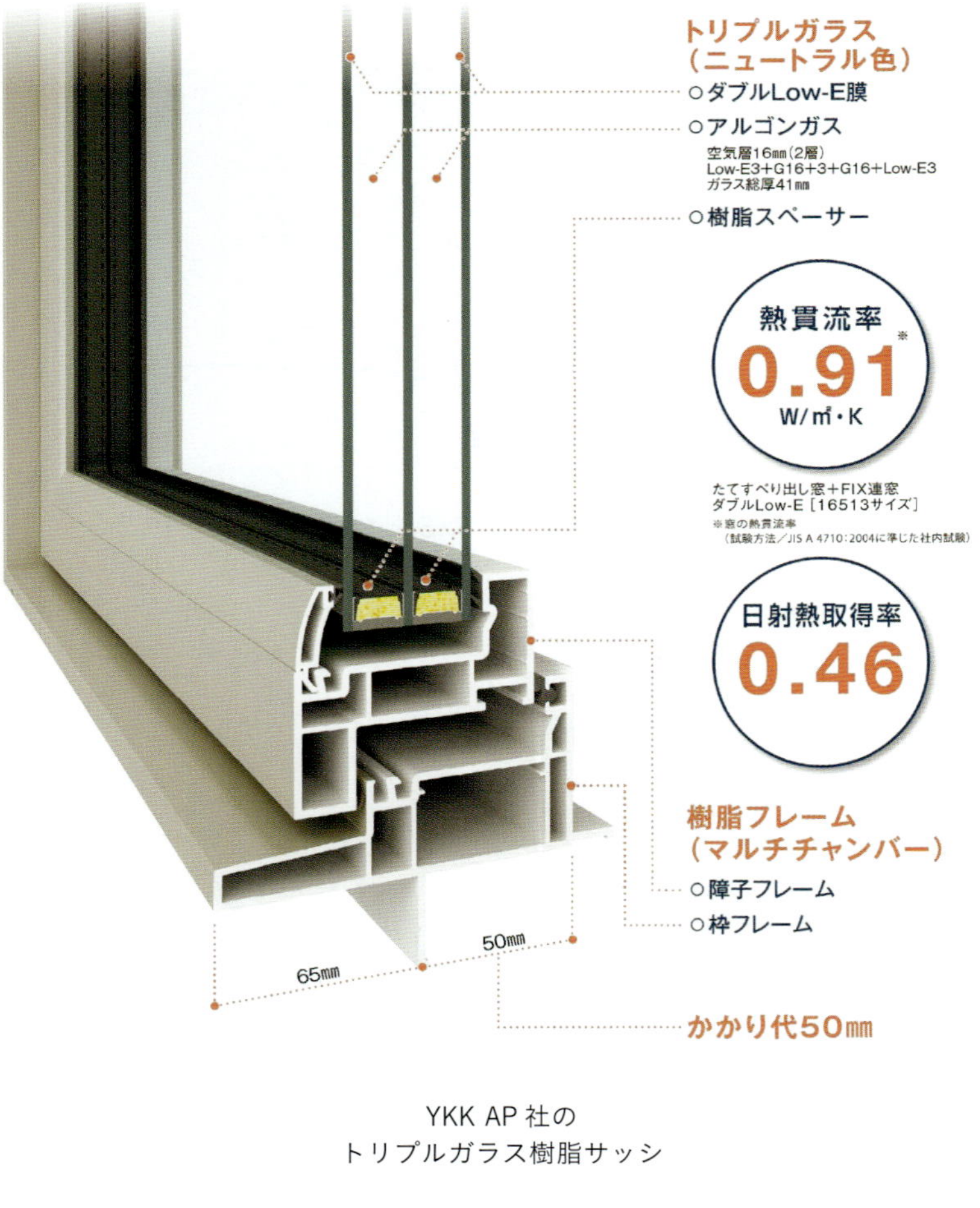

YKK AP 社の
トリプルガラス樹脂サッシ

庭に面した大きな窓

多目的に使える広いリビング

対面式キッチンと壁一面の食器棚

台所の南面に取り付けた縦長の窓

寝室の東面

壁一面に家具を並べた、収納のない寝室の西面

玄関を明るくする階段室の吹き抜け

直線階段と階段室の吹き抜け

高さ９センチの上がり框

車椅子で出入りするための広い玄関

ウォークインクローゼットの内部

組み立て式ラックのある
階段下物入れ

クローゼットの床に設けた
計画換気の排気口

平成９年に建てたウェルダンの本社

ウェルダンのモデルハウス

目標達成の例

2×4 工法のアパート

コンクリート造の５階建てマンション

はじめに

次世代省エネルギー基準の告示により、日本の住宅が大きく変わろうとしている。日当たりと風通しに快適さを求めてきた日本の住宅は、北欧型の省エネ住宅を目指すことになった。スウェーデンなど北欧では長い冬を快適に暮らすために古くから省エネ技術が発達し、そのレベルは年々高められている。省エネ技術とは、断熱・気密・換気によって家全体の温度と湿度を一定に保つ技術である。暖房費は節約され、地球の温暖化防止にも役立つ。

すでに北海道では省エネ技術が普及し、真冬でも半袖で暮らせる家が定着した。北海道ではアルミサッシが姿を消し、複層ガラスの樹脂サッシが主流になった。

関東では家の居住性よりも世間体を気にした家づくりが行われ、多くの人が不快な家に住んでいる。暖房室と非暖房室との温度差は大きく、脳梗塞や心筋梗塞などによる家庭内での死亡事故は年々増え続けている。

関東では夏の暑さ対策も必要だ。大手住宅メーカーのモデルハウスにはクーラーの室外機がずらりと並んでいる。高断熱高気密のモデルハウスに限ってクーラーの室外機が多い。関東で省エネ技術が普及しないのは、住む人が我慢強いからだと思う。

いずれ関東でも省エネ技術が普及し、真冬でも半袖で暮らせる家が増えるだろう。各室に暖房器具を備える時代は終わり、1台のガス給湯器で家全体を快適温度に保つことになるだろう。真夏でも2階が暑くなることはなく、各階に1台の小さなクーラーで家全体を快適温度に保つことになるだろう。そのことを実証するために、私は自宅を三度建て替えた。

これから家づくりをする人は、30年後の暮らしを考えて設計すべきだと思う。自分が高齢者になったとき、安心して暮らせる家が必要だ。私は80歳を過ぎ、様々な体験をした。この体験をこれから家づくりをする人に伝えたい。

日本の家づくりを変えるのは建築業者ではなく、建て主の価値観である。建て主とは何かを知れば、あなたの常識は変わるだろう。ときには古い常識を見直し、新しい価値観を身に付けることも大切だと思う。

この本は建て主の役割について書いたものである。断熱性や気密性についての記述もあるが、この本は建築の専門書ではない。建築の専門的知識を学ぶのは建築士の役割であり、建て主が断熱気密について知識を集めても実際に役立つことはないだろう。省エネ技術は多くの失敗の中から学ぶものなのだ。

家づくりを成功させるには、建て主と建築士との信頼関係が何よりも大切だ。無資格の営業マンに設計を依頼しても希望通りの家を建てることはできない。初めて家づくりをする建て主でも、建て主としての自覚を持ち、自分の役割を果たせば家づくりは成功する。

家づくりの目的は、健康で楽しい人生を送ることだと思う。建て主にとって、家づくりも人生の一部であり、われわれ建築士にとって家づくりは人生そのものである。だから家づくりは楽しくありたい。

高齢化時代を迎え、家の居住性はますます重要になるだろう。

家づくりが変わる　目次

第3章　常識が変わる

第4章　建て主の役割とは

第1章　初めての家づくり

建築業界に入って

私が建築業界に入ったのは自分の家を持ちたかったからである。建築業界に入れば、安くてよい家を持てるかも知れないと思ったからだ。それはアルミサッシが出始めの頃だった。建築業界におけるスタートは、ある大手住宅メーカーの営業マンとしてであった。そこで私は様々な体験をした。

入社した翌日から新宿の住宅展示場で接客をすることになった。折からの好景気に誘われて、モデルハウスには大勢の見学者が訪れた。私には建築の知識も経験もなかったが、大手住宅メーカーなら安心だ、などと思い込んでいる建て主が次々に訪れ、簡単に私を信用してくれた。私はいかにも専門家のように振舞い、「おまかせ下さい」を連発した。私は名刺に「設計士」という肩書きをつけた。

入社したその年、私は社内でトップの成績を収めた。翌年の新年会は浜松市のホテルで盛大な表彰式が行われ、冷蔵庫や電子レンジなど電化製品一式に加えて、副賞として2泊3日の韓国旅行がセットされていた。韓国の金浦空港には他にも日本の○○ハウス御一行様と書かれた大型バスが何台も並んでいた。

ソウルではガイドさんの自宅でオンドルの暖かさを体験させてもらった。私が床暖房に興味を持ったのは、この体験があったからだ。

工事が始まると苦情が続出した。次々に設計の不備が指摘され、その都度設計変更や追加工事が発生した。それらの苦情は若い営業所長が処理してくれた。おかげで営業所長は過労で倒れ、先輩の営業マンが営業所長になった。そのとき、私は絶対に営業所長にはなるまいと心に決めた。

入社して7年目、大手住宅メーカーの商法にほとほと嫌気がさした私は、木造在来工法の勉強をするために転職した。

所沢市の中谷木材は木材を販売する傍ら、木造在来工法の注文も請け負っていた。中谷木材の注文住宅は、大手住宅メーカーのプレハブ住宅に比べて2割ほど安かった。

当時、中谷木材には佐々木さんという一級建築士が出入りしていた。佐々木さんは設計事務所を経営し、複数の建築業者から設計の仕事を請け負っていた。佐々木さんは私と行動を共にし、建て主の要望通りに家を設計してくれた。

佐々木さんは建築の知識が豊富で、彼の作品には気品さえ感じられた。彼は建て主の立場に立って、誠意をもって対応していた。営業マンの私とは全く違った応対ぶりに私は恥ずかしく思った。そして、いつか彼のような一級建築士になりたいと、ひそかに思い始めていた。

二級建築士を目指す

私のように建築学科を卒業していない者には7年の実務経験で二級建築士の受験資格が与えられる。私は日建学院の夜間コースに入学した。夜間コースには大工や現場監督など作業着姿の受講者が多く、背広姿の営業マンは私一人であった。

二級建築士の試験は、一次の学科試験に続いて、二次の製図の試験が行われる。建築基準法を見るのは初めてだった。構造計算をするのも初めてだった。毎回模擬テストが行われ、結果が廊下に貼りだされた。

学科試験は、法規・構造・計画・施工の4科目があり、私はすべての学科で合格点をとった。

一次試験に合格した私は、製図の勉強を始めた。製図の試験では与えられた課題（平面図・立面図・断面図・矩計図）を5時間以内に製図しなければならない。私は矩計図を見るのは初めてだった。製図を描くのも初めてだった。時間内に製図を仕上げることはできそうもない。

自宅に帰ってからも必死で製図の練習をした。

製図の試験では敷地面積や用途地域などの条件が示され、二階建て木造住宅の課題が与えられる。私は間取りを考えるのは誰よりも早かった。無資格のまま150棟もの家を設計したからだ。他の受験者が間取りを考えている間に私は平面図を仕上げた。試験会場では一番に製図を仕上げ、会場を後にした。ほっとした私は、王子駅前の食堂で昼食の代わりに生ビールを注文した。あのビールの味は格別だった。

建築業界に入って10年目、私は二級建築士の試験に合格した。二級建築士の資格を取得後、さらに5年の実務経験で一級建築士の受験資格が与えられる。

念願の自宅を建てる

建築士の資格を取得した私は、念願の自宅を建てることにした。稲城市の区画整理保留地を運よく購入し、住宅金融公庫と都融資を組み合わせて資金計画を立てた。

家を安く建てるには住宅メーカーなどは必要なく、現場監督と20業種の職方がいればよい。私は建築士なので、自分が現場監督をやればよい。職方とは、大工・とび・左官・板金・建具・塗装・電気・水道などの専門職のことで、元請け・下請け・孫請けの孫請けに当たる。彼らは複数の建築業者から仕事を請け負っている。私はすべての業種から見積書をとった。現金払いのためか、彼らの見積は私の予想より安かった。

工事が始まると毎日建築現場に通うのが楽しみだった。仕事の合間には職方たちから本音を聞くことができた。彼らは大手住宅メーカーに対して不満を持っていた。請負単価が安くて生活が苦しいとか、工期が短くて丁寧な仕事ができないなど、口々に語った。

建て主の大切な予算が元請け業者によって大きく削られる。さらに下請け業者が利益を捻出する。最後に残った、ぎりぎりの予算で家が建つ。日本の建築費が高いのは、下請け制度による独自の体系に問題があるからだ。

世間では職人が手抜き工事をすると恐れられているが、彼らのために私は言いたい。職方たちは自分の仕事に誇りを持っていて、どんなに単価が安くても手抜き工事をすることはない。むしろ、手抜き工事の原因は、大手メーカーなら安心だなどと安易に考える建て主の側にあるのではないかと私は思う。

工事は順調に進み、昭和55年1月に完成した。さっそく工事に参加したすべての職方たちを招いて盛大な完成祝いを行った。嬉しかった。あのときの感動は今でも忘れない。普段は無口な職方が笑い、そして歌った。私も習いたての祝い唄を唄った。

職方たちの喜ぶ姿を見て、ふと思った。一体、大手住宅メーカーとは何だったのか。下請け制度とは何だったのか。職方たちのために、何か役立つことはないか。その夜、私は重大な決断をした。

ハウジングシステム

昭和57年2月、私は「ハウジングシステム」という小会社を設立した。日建学院で知り合った大工や現場監督は喜んで私に協力しくれた。当時、多摩ニュータウンでは公団の宅地分譲が盛んに行われていた。

建築士と職方だけで家を建てるこのシステムは、多摩ニュータウンで評判となり、狭い事務所には次々に相談者が訪れた。カタログもモデルハウスも営業マンも必要なかった。

当時は職方に対し、手形払いの住宅メーカーが多かったが、当社は現金払いのためか噂を聞いて腕の良い職方たちが集まってきた。

だが、家が完成しても建て主は心から満足してくれなかった。夏は2階が暑く冬は家中が寒かったからだ。屋根裏に大量の結露が発生し、雨漏りと間違えられたこともあった。

当時は断熱材が出始めの頃で、窓には断熱雨戸が使われていた。断熱材はといえば、密度10

ハウジングシステムの請負方式と一般の請負方式

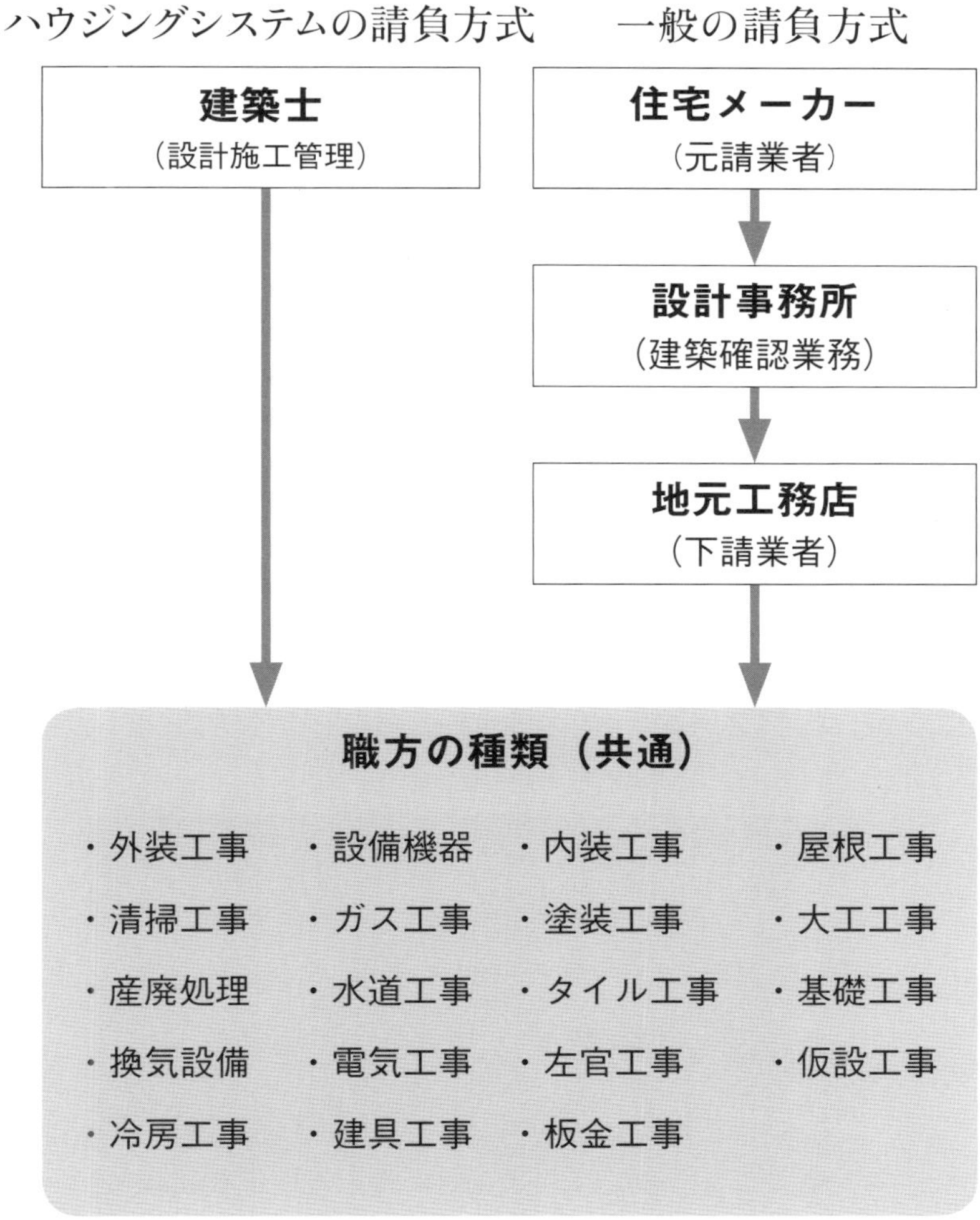

キロの黄色いグラスウールで断熱効果は殆ど得られなかった。暖房器具には石油ストーブやガスストーブが主流で、掘りごたつを希望する建て主も多かった。

他社との差別化をはかるため、何か特徴のある家を建てたいと思った。欧米では家全体が暖かく、真冬でも半袖で暮らしているという。古い木造住宅でも新築のものと価格が変わらないという。そして何よりも、ペアガラスの木製サッシを見たかった。

そんなある日、一枚の写真が私の目を釘づけにした。カナダか北米であろうか、それは雪景色の中に建つ古い木造の建物であった。バランスのとれた美しい建物を眺めているうちに、北米への旅を思い立った。

雪景色の中に建つ建物の写真

北米への旅

ミネアポリスの空港でレンタカーを借り、一路北へ向かった。ミネソタ州には大小様々な湖や池が点在し、池を取り囲むように思い思いの家が建っていた。私は行く先々で車を停め、洋風建築の美しさをカメラに収めた。

北米には住宅展示場はなく、家を建て替える人はいないという。北米では古い木造住宅でも価値があり、築50年の家が新築住宅と同じ価格で売買されていた。そのため、買ったときより高く売るために家の手入れは怠らない。家族構成が変わったり、年収が増えたときなど、簡単に住む場所を変えるのだ。さすがに遊牧民族の国だと感心した。

国道沿いのサービスエリアにはキャンピングカーで旅行する家族が多かった。そこで出会った老夫婦は自宅を売却し、残りの人生をキャンピングカーで旅をして暮らすのだと語ってくれた。キャンピングカーの中にはテレビや冷蔵庫など家財道具一式が揃っていた。ペットの犬も

北米を訪れた私。４月でも湖は分厚い氷におおわれていた。

ミネアポリスの古い建物

マーヴィン社の社長（右端）と私

一緒だった。

カナダとの国境近くにマーヴィン社があった。マーヴィン社は木製サッシを製作する会社で、ペアガラスの窓を日本にも輸出している。突然の訪問にも拘わらず、社長は温かく私を迎えてくれた。私はペアガラス窓を見るのは初めてだった。私のお気に入りはボウウィンドウと呼ばれる湾曲出窓であったが、1ドルが250円の時代だったので、出窓1ヶ所が約50万円であった。

オチ式床暖房

愛媛県松山市の越智さん（故人）は蓄熱式床暖房の特許を取得していた。明治生まれの越智さんは戦時中に満州でオンドルの暖かさを体験し、帰国後、試行錯誤の末にオチ式床暖房を考案した。私は松山市に越智さんを訪ねて50万円を支払い、蓄熱式床暖房の特許使用契約を交わした。当時の私にとって、50万円は大金であった。

越智さんは土間床工法の特許も取得していた。床下全面を土で埋め尽くし、その上をコンクリートで仕上げる工法は、北欧などでも古くから行われている。

土間床工法を利用して本格的な床暖房の家ができる。床のコンクリートに温水パイプを配管し、その上をモルタルで埋め込む。温水パイプは継ぎ目のない高分子の樹脂パイプで、故障の心配もなく、パイプの寿命は半永久的である。

朝夕2時間ずつ、給湯器で温水を送るだけで家全体が24時間暖かい。1階の床に設置するだ

オチ式床暖房と土間床工法の特許

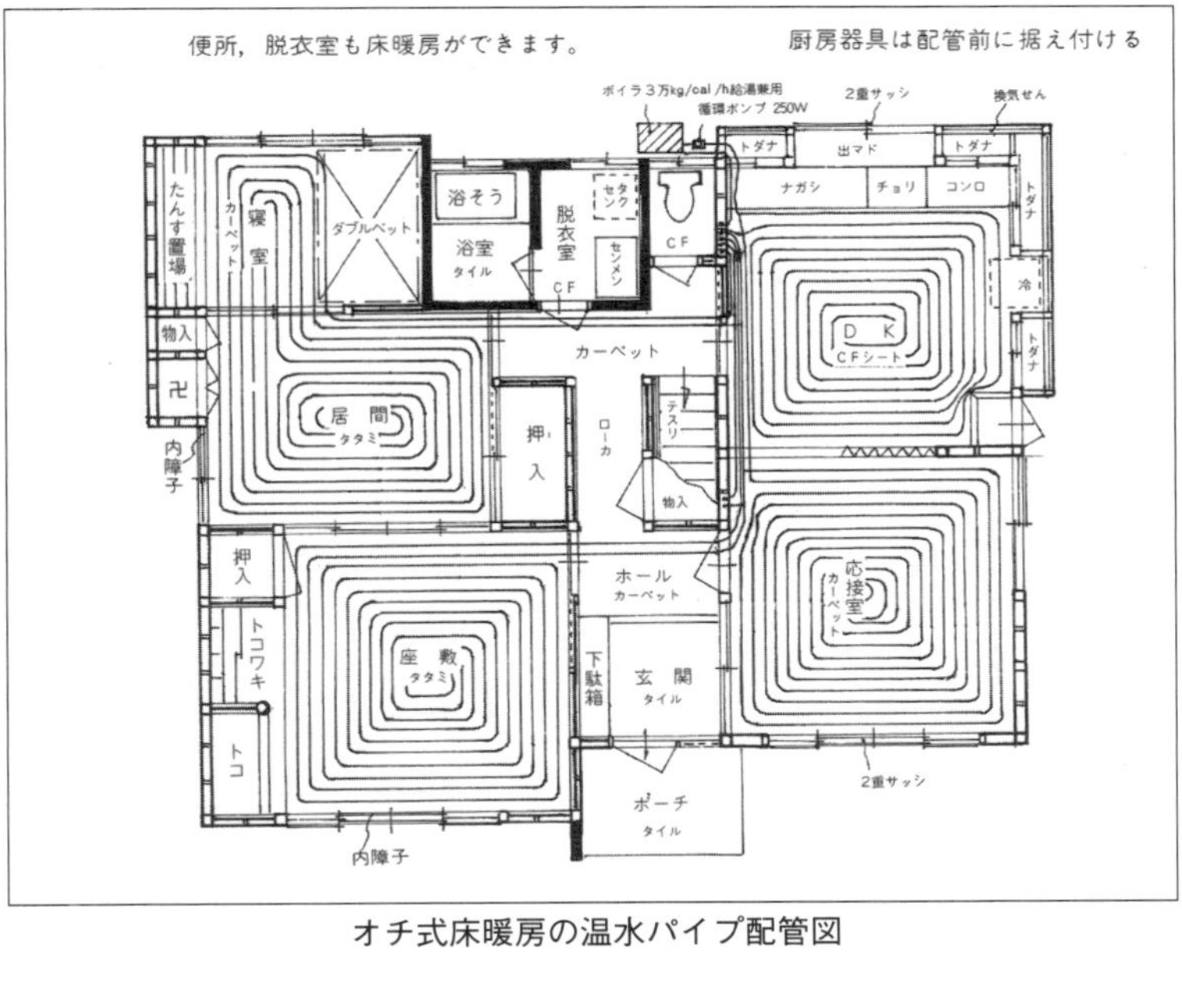

オチ式床暖房の温水パイプ配管図

2階も暖かく、他の暖房設備は一切必要ない。床暖房の熱源にはガスまたは灯油の給湯器を使う。私はこの床暖房を「ウェルダン」と名付けて、機会あるごとに建て主に勧めた。だが、床暖房の快適さを知らない建て主は何の興味も示さなかった。

小平市の細渕様は床暖房「ウェルダン」の第一号である。細渕様は半信半疑ではあったが、ともかく私の提案を受け入れてくれた。

「とにかく快適ですね」。細渕様は冷え性のため毎年冬になると靴下を3枚重ねて履いていたが、床暖房の家では裸足で暮らせると喜んでくれた。反対に、夏は床が冷たく感じるので、靴下を履くようになったと話してくれた。私は細渕様の言葉で自信を持った。

私は「主婦のための設計教室」を開き、快適さを体験してもらうために、たびたび細渕様の家を利用させてもらった。細渕様には今でも感謝している。

ウェルダンの評判は上々で、これ以上の暖房方式は他に考えられなかった。そこで社名を「ウェルダン」に変更した。

結露を防ぐには

冬の朝、窓ガラスの内側が曇ったり水滴が付くのが結露である。浴室の壁や天井に水滴が付くのも結露だ。結露は土台や柱を腐らせ、シロアリを繁殖させるので絶対に防がなければならない。第一、結露が発生する家は不潔である。

昭和48年と52年の二度にわたるオイルショックの後に、北海道では断熱材をそれまでの50ミリから100ミリに変更した。だが灯油の消費量はそれまでと変わらず、断熱効果は得られなかった。それどころか、新築後間もない家の床が次々と腐って落ちるという事故が多発した。その数は3万戸とも5万戸とも報じられ、当時は大きな社会問題になった。原因は、結露に対する知識がないままに断熱材を多用したからだ。

結露の正体は水である。水を温めると蒸発して水蒸気となり、水蒸気を冷やせば元の水に戻る。だから夕方暖めた部屋が朝方に冷えると結露が発生する。

断熱材が濡れた例

シロアリにより
柱がボロボロになった例

人の吐く息には大量の水蒸気が含まれている。ガスや石油ストーブからも大量の水蒸気が発生する。閉め切った部屋で暮らしていれば水蒸気圧は高くなり、露点温度は高くなる。つまり、結露が発生しやすくなるのだ。

室内の温度と湿度を一定に保てば結露は発生しない。つまり、建物の断熱性を高めて換気をすればよいのだ。

結露を防ぐ目的で、北海道では各地に高気密高断熱の研究グループが誕生し、北欧やカナダを訪れた。私もいくつかのグループに参加して、毎年のように北欧やカナダを訪れた。

高断熱高気密住宅

昭和62年1月号の『建築知識』に寒冷地住宅の設計に関する記事が紹介されていた。この記事を読んで私は大きな衝撃を受けた。

室蘭工大の鎌田紀彦教授はスウェーデンで省エネ技術を学び、北海道で結露防止の研究を始めた。木造在来工法の欠陥を改良して「新在来工法」を発表した。当時は建物の気密性を高めることに重点が置かれ、高気密高断熱住宅と呼ばれていた。

日本の木造在来工法は壁の中が空洞で、床下から天井裏へ絶えず外気が吹き抜けている。建物の断熱性を高めるにはこの外気の流通経路を完全に遮断しなければならない。そこで鎌田教授は各階の床を先張りし、２×４工法と同等の、気密性を高める工法を発表した。

『建築知識』昭和 62 年 1 月号／エクスナレッジ

私は北海道で行われる鎌田教授のセミナーに毎回参加して、結露防止の手法を学んだ。建築技術評論家の南雄三先生は「がんばれ地元の工務店」と題して、全国各地で高気密高断熱住宅の説明会を開催した。地元の工務店が生き残るには、大手住宅メーカーに先がけて省エネ技術を身に付けることだ、と説いた。

南先生は外張り断熱工法を全国に普及させた功労者である。当時の日本では省エネ技術を本格的に学ぶ人はおらず、省エネ住宅の快適さを体験した建築業者もいなかった。

外張り断熱工法は施工が簡単で、省エネ技術がなくても木造在来工法の気密性と断熱性を同時に高めることができる。当時の私にとって、それは画期的な工法に思われた。

新在来工法は各階の床を先張りするため、施工に大変な手間がかかる。ただでさえ裸の断熱材を嫌がる東京の大工に、床を先張りする技術を伝えるのは無理だと私は思った。各階の床を先張りするなら2×4工法を採用すればよい。2×4工法は北米で生まれた工法だが、世界中に普及し、日本でも枠組壁工法として認定されていた。私は2×4工法の勉強を始めた。

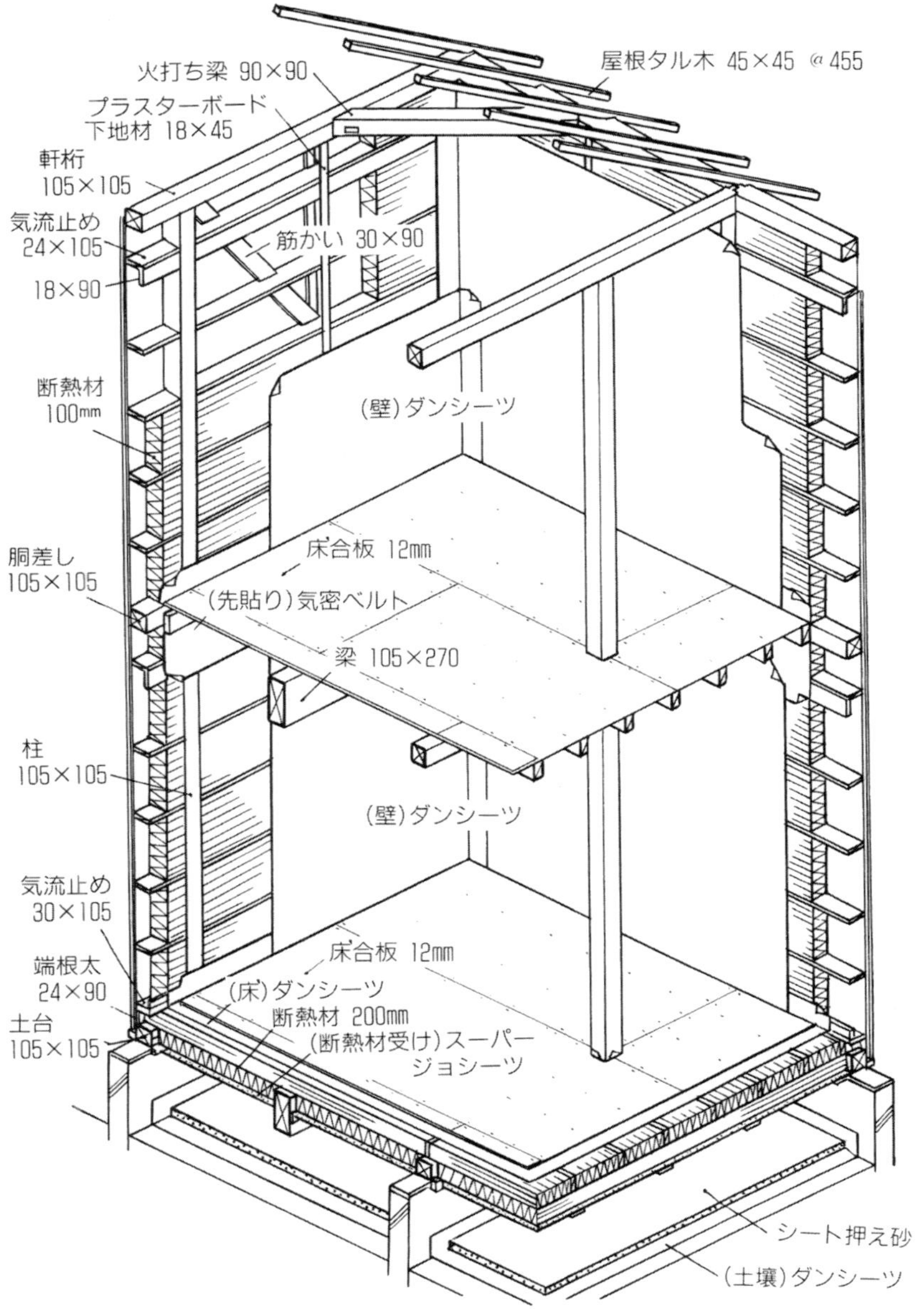

各階の床を先張りする新在来工法

北米の２× ４工法の現場

第2章　二度目の家づくり

二度目の家づくり

平成元年のある朝、新聞の折り込み広告が私の目に留まった。「建築条件なし」「先着順受付」の文字が大きく見えた。東京日野市で10区画の宅地分譲が行われた。東京の地価はピークに達し、どの区画も1億円を超えていたが、その中の1区画が私の理想を満たしていた。

私は宅地を選ぶ際には、間取りを考えてから選ぶことを心がけている。一般に南道路の宅地を好む人は多い。だが南道路の宅地は廊下が長く、設計に無駄が多い。廊下を短くするには、玄関の位置を北側の中央に配置すればよい。車2台を駐車して、庭も広く確保したかった。

決断は早かった。先着順受付ならば一番に受け付けてもらえばよい。私は現地に2晩徹夜して、その宅地を手に入れた。

私は2×4工法の設計をするのは初めてだった。2×4工法の本を買い、ランバー材の仕入れ先を探した。大工は在来工法の大工を説得し、一緒に勉強することにした。

土間床工法の基礎と2×4工法の組み合わせによる実験住宅である。窓にはマーヴィン社のペアガラス木製サッシを採用した。玄関ドアには北欧製の防音断熱ドアを採用した。

私は習いたての外張り断熱工法を採用した。外張り断熱工法はプラスチック系断熱材メーカーが自社の断熱材を普及させる目的で考案した断熱気密工法で、省エネ技術がなくても施工できる。外壁には硬質ウレタンフォームを30ミリ、屋根には50ミリを外張りした。

外張り断熱工法は構造体の外側に断熱材を取り付けるので、断熱材を厚くすることができない。断熱材を厚くすれば屋根材や外壁材などを取り付ける釘が長くなり、建物の構造強度が著しく低下する。そのため、夏は2階が暑く、クーラーがあっても役に立たなかった。

私は屋根面の内側からグラスウール断熱材を補充し、夏の暑さは半減した。

その頃、信州大学の浅野良晴教授が考案した「ソーラーサーキット工法」が、雑誌などで紹

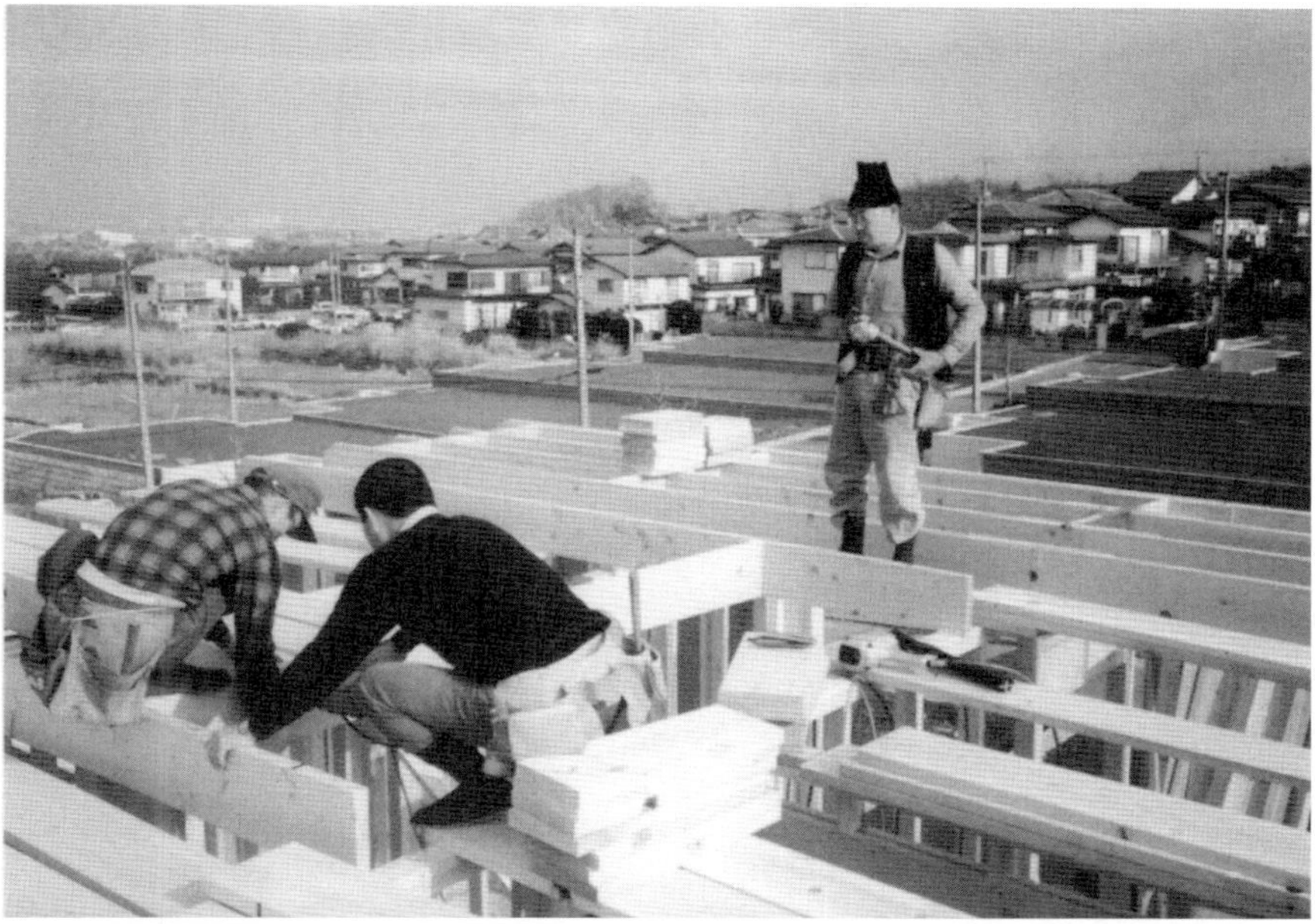

２×４工法を採用した工事中の自宅

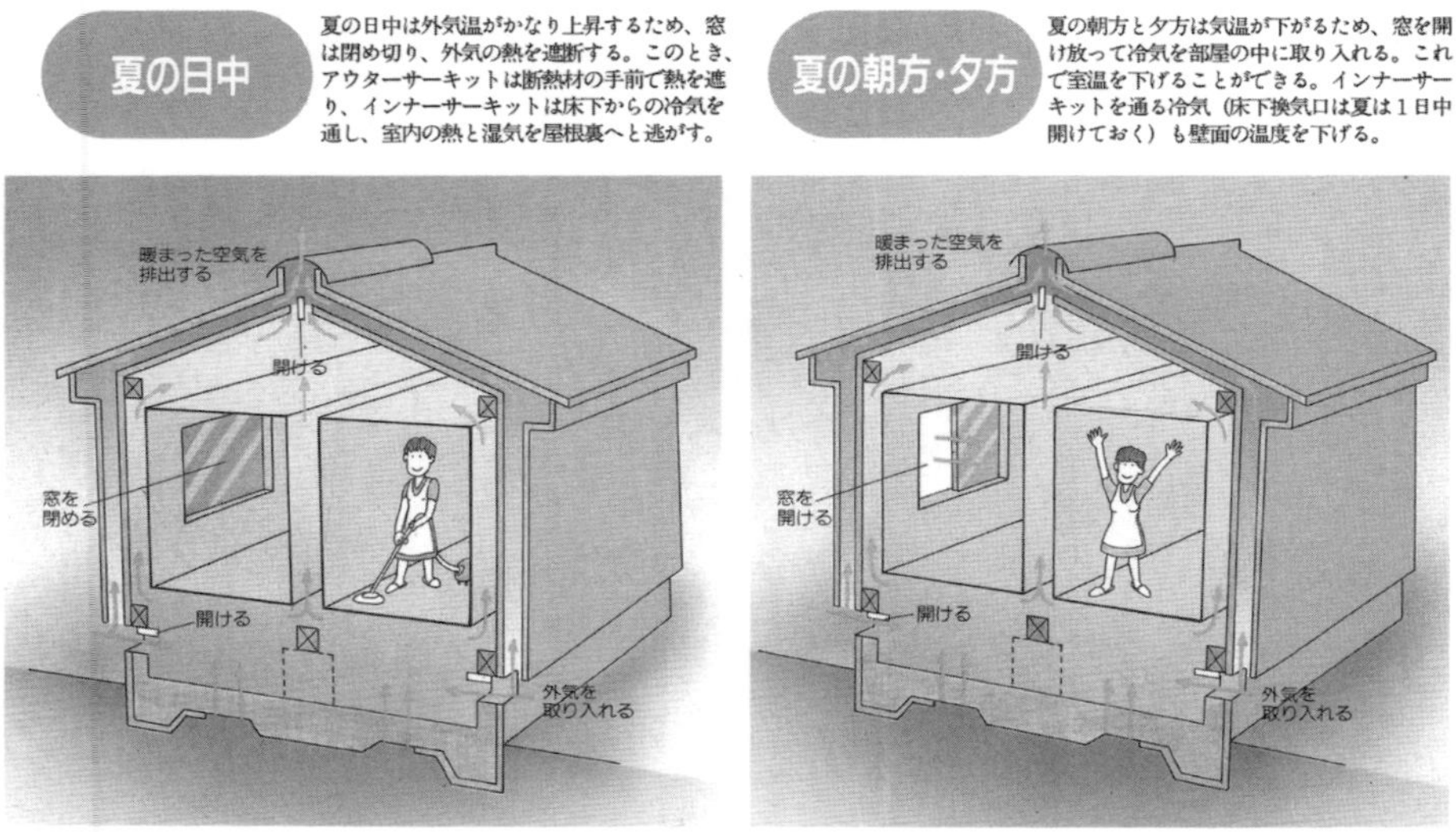

ソーラーサーキット工法の図

介されていた。ソーラーサーキット工法は外張り断熱工法だが、夏の暑さに耐えるため、夏は断熱材の内側に外気を通して家中を無断熱にする。信州では夏の暑さは自然のままで我慢できるという。

ソーラーサーキット工法は『「いい家」が欲しい。』という本により全国に普及した。この本には、北欧の外断熱工法を紹介した私の著書の一部が無断で引用されている。無資格の著者が、外断熱と外張り断熱の区別を知らずに私の本を引用したのだろう。

東京など都市部では自然の涼風など得

られず、クーラーが欠かせない存在になった。無断熱の家でクーラーを使うのは、いかにも不経済である。

「理想の外断熱」で人気を集めた野村ホームは、突然住宅業界から撤退した。おそらく夏の暑さに対する苦情が多かったためだと思われる。

私は北海道で行われるセミナーに参加し、充填断熱工法の建築現場を見学した。外壁にはピンク色の高性能グラスウールが隙間なく充填されていた。断熱材の室内側には防湿シートがきちんと貼られ、断熱材の外側には透湿シートが貼られていた。内部結露を防ぐため、外壁には通気層が設けられていた。さすが北海道だと感心した。

気密性と計画換気

建物の気密性を高めるから換気が必要だ、と考えるのは間違いである。実際はその逆で、家全体を換気するために建物の気密性を高めるのだ。隙間だらけの家では、部分的な換気はできても家全体の換気はできない。風向きや風速に左右されず、常に一定量の換気をするには建物の気密性が何よりも大切なのだ。

建物の気密性は相当隙間面積（C値）で表示する。次世代省エネ基準には北海道ではC値2以下に、本州ではC値5以下に定められた。例えば、延床面積200㎡の建物で隙間の合計が1000㎠以下であれば気密住宅なのである。1000㎠の値は気密住宅と呼ぶには隙間が多すぎるので、本州でもC値2以下にしたいものだ。当社では現場ごとに気密測定を行い、相当隙間面積（C値）を0・5以下に設定している。

計画換気とは、各室に新鮮空気を取り入れ、汚れた空気を浴室や便所などから集めて排気するシステムのことで、日本では24時間換気などと呼ばれている。日本ではスイッチがないと計画換気設備が売れないという。排気型換気システムの電気料金は月に300円程度だが、電気代を節約するために計画換気のスイッチを切る人がいるのだ。

北欧の計画換気にはスイッチがない。スウェーデン・フレクト社の換気システムにもフランス・アルデ社の換気システムにもスイッチはない。計画換気の運転を止める人などいないからだ。だから計画換気のことを24時間換気とは呼ばない。それは冷蔵庫を24時間冷蔵庫と呼ばないのと同じである。

成人1人当たり毎時30㎥の新鮮空気が必要である。4人家族の家では毎時120㎥の換気が必要である。だが、家族構成は変化するので、毎時0・5回の換気とする。

計画換気方式には第一種と呼ばれる熱交換型と第三種と呼ばれる排気型とがある。熱交換換気方式は給気も排気もダクトを用いて機械換気とする。排気側の熱を給気側に伝えるために熱交換器が必要である。

熱交換型換気方式は設備費が高く、フィルターの掃除が簡単ではない。私の自宅でも熱交換

排気型計画換気の本体部分

排気型計画換気の吸気口

器のフィルターに虫の死骸やクモの巣が溜まり、室内で深呼吸をするのが怖くなった。さらに、ダクト内に汚れが溜まり、給気口の近くは真っ黒に汚れる。ダクト内の汚れを掃除する方法はなく、ダクトを取り換えるのも容易ではない。

排気型は各室に給気口を取り付けて自然吸気とし、排気側には汚れた空気をダクトで集めて機械換気を行う。排気型換気方式は設備費が安く、フィルターの掃除も簡単だ。建物の断熱性が高ければ熱交換の必要はなく、居室に外気が流入しても室温は殆ど変わらない。

以前は北欧などでも熱交換型換気方式が主流であったが、最近では第三種の排気型換気方式が主流になった。

断熱工法の種類

断熱工法の種類には、充填断熱工法・外断熱工法・内断熱工法などがあり、建築工法によって使い分ける必要がある。外断熱工法や内断熱工法はコンクリート造に適した断熱工法であり、木造住宅には充填断熱工法が適する。北欧でも木造の建物には充填断熱工法が採用されている。スウェーデンでは木造住宅の外壁に高性能グラスウールが250ミリ、天井には500ミリが充填されていた。

充填断熱工法とは、屋根や外壁など構造体の

厚さ250ミリの断熱材を充填した外壁

隙間に断熱材を充填する工法で、日本でも一般に行われている工法である。だが、関東では断熱材が普及して40年も経つのに家全体が快適温度に保たれた家はごくまれである。

かつて日本では、グラスウールは結露するとか、100ミリ断熱は結露が怖いという噂が広がり、様々なプラスチック系断熱材が普及した。各断熱材メーカーは自社の断熱材を普及させる目的で、様々な断熱気密工法を考案した。フクビ化学ではポリスチレン系断熱材による「エアサイクル工法」を考案した。ウレタン系断熱材メーカーのアキレスでは「アキレス外張り工法」を考案した。

厚さ500ミリの断熱材を充填した天井

縦枠に断熱材を充填した外壁の断面

市庁舎の展望台から見たスウェーデン・ストックホルムの美しい街並み

充填断熱工法を採用する場合は、内部結露についての知識が必要である。室内の温度と湿度を一定に保てば結露は発生しない。断熱・気密・換気のバランスを正しく保つことが大切なのだ。当時の私には、そのことを正しく理解できなかった。

北欧では、コンクリート造には外断熱工法が採用されている。外断熱工法とは外壁や屋根など躯体の外側に断熱材を取り付ける工法で、躯体のコンクリートは外気温の影響を受けにくい。北欧は地震が起きない国なので、外断熱工法が可能

外壁にレンガを積み上げた５階建てホテル

なのだ。

私がスウェーデンを訪れたとき、街のあちこちで断熱リフォームが行われていた。ペアガラス窓をトリプルガラス窓に取り換え、断熱材を補充していた。４階建てコンクリート造の共同住宅では外壁のレンガを剥し、古い断熱材の外側に厚さ３００ミリの断熱材を取り付けていた。これが「外断熱工法」かと、初めて見る光景に目を見張った。

断熱材の外側に再びレンガを積み上げて工事は完成する。私が宿泊したホテルも５階建てのコンクリート造であったが、外壁には5階までレンガが積み上げられていた。

日本ではコンクリート造に内断熱工法が採用されている。躯体のコンクリートは外気温の影響を受けやすく、夏は熱せられたコンクリートに囲まれ、冬は冷え切ったコンクリートに囲まれて暮らすことになる。日本は地震が多い国なので外断熱工法は行われていない。

平成11年4月の次世代省エネ基準の告示により、外張り断熱工法は時代遅れの工法になった。木造住宅には充填断熱工法を採用し、必要な断熱性を確保すべきである。

スウェーデンの窓メーカーで

木造のリフォーム現場

コンクリート造の断熱リフォーム現場

童話の故郷・オーデンセ空港にて

デンマークのチボリ公園は
夜９時でも日が当たっていた

デンマークの人魚姫

玄関の壁に人形ケースがある家

アンデルセンの生家と見学に来た子どもたち

断熱材の種類

断熱材の種類には、無機繊維系・発泡プラスチック系・木質繊維系など、10数種類ある。グラスウールにも密度10キロ・16キロ・24キロ・32キロなどがあり、関東で使われている黄色の断熱材は密度10キロの断熱材である。密閉された空気も断熱材であり、ペアガラスではガラスとガラスの間の空気が断熱材の役目を果たす。断熱材は建築工法や使用部位によって正しく使い分ける必要がある。

断熱材の性能を比較する人もいるが、断熱材の厚さが薄ければ断熱効果は得られない。どの断熱材を使っても、必要な厚さを確保できれば価格の安い方がよい。

一般に、プラスチック系断熱材は価格が高く、十分な厚さを確保するのが難しい。反対に、密度10キロのグラスウールは必要な厚さを充填するには壁などのスペースが足りない。私は2×6工法の外壁に密度16キロの高性能グラスウールを１４０ミリ充填し、天井には２８０ミリ敷き並べている。

ヘーベル板の名で知られる軽量気泡コンクリートは断熱性が低く、断熱材として考えるべきではない。また質量が軽いので、外部の話し声が手に取るように聞こえる。私は耐火性を重視して外壁にヘーベル板を使用することがある。

木造住宅の断熱

建物内の熱は床・外壁・屋根・窓などから失われる。隙間風によって失われる熱もある。これらの熱損失を最小にするには省エネ技術を学ばなければならない。

窓などの開口部は熱が最も失われやすい部位である。単板ガラス窓からは短時間に大量の熱が失われる。壁の断熱材を厚くするよりも、窓ガラスを三重にすることが先決だ。窓枠からも熱が失われる。アルミサッシは熱伝導率が高く、真っ先に結露が発生する。窓枠には木製サッシか樹脂サッシを使う。

最近は日本でもトリプルガラスの樹脂サッシが発売されている。ＹＫＫ ＡＰ社から発売されたＡＰＷ４３０という商品は、世界でもトップクラスの性能を実現した。当社では、北米の木製サッシをすべて

YKK AP の
APW430 シリーズ

屋根の断熱方法と屋根の通気工法

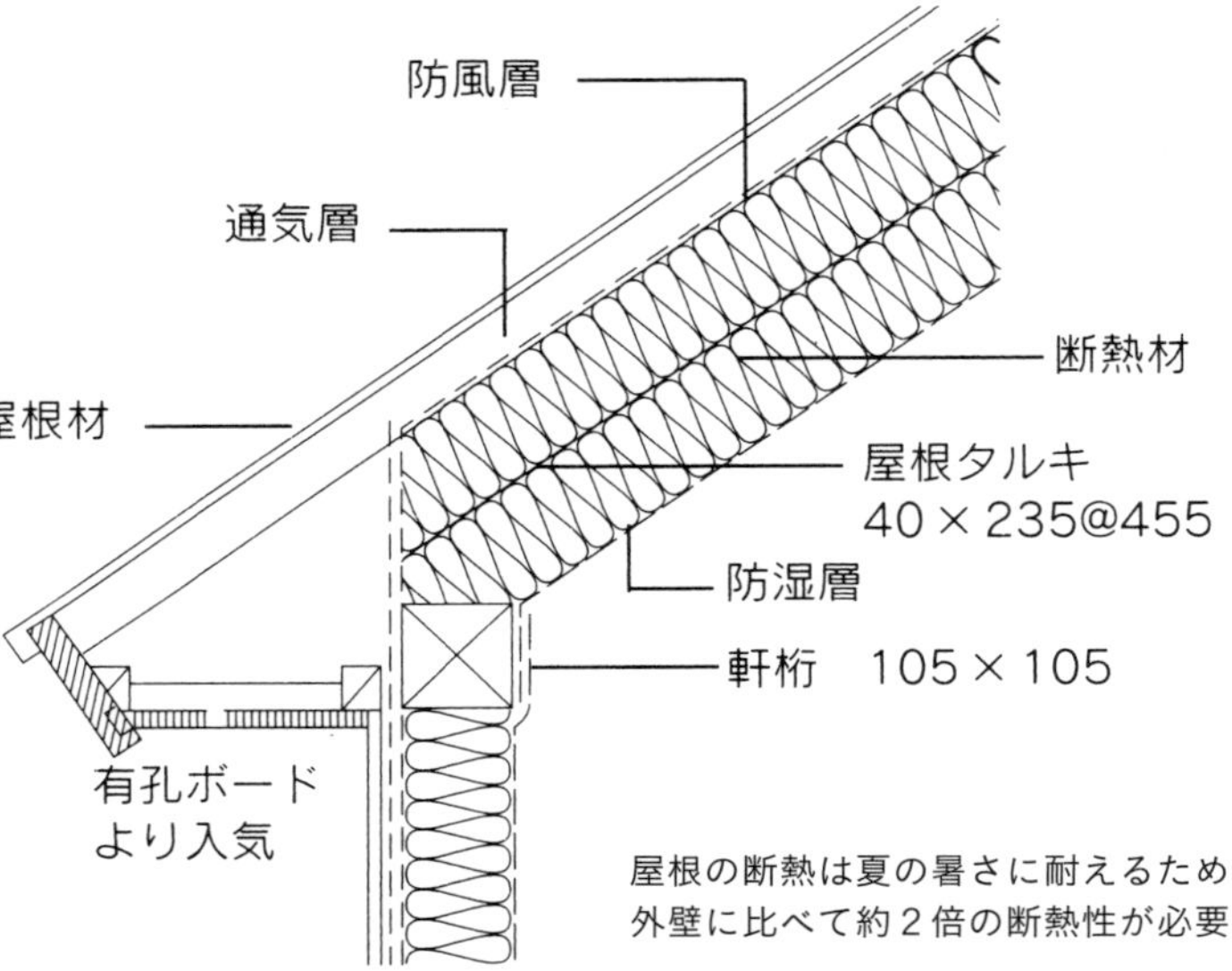

屋根の断熱は夏の暑さに耐えるため、
外壁に比べて約２倍の断熱性が必要だ

外壁の通気層の例

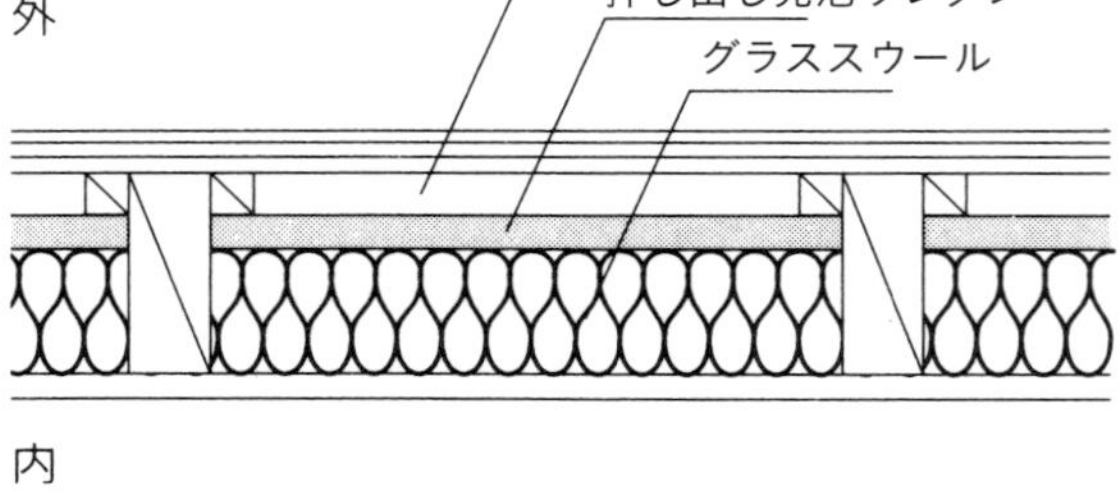

ＹＫＫ ＡＰ社のＡＰＷ４３０に切り替えた。

マーヴィン社は窓の部品を取り換えるのに対応が遅く、6ヶ月以上も待たされることがある。また、北欧の窓には網戸がない。高断熱高気密住宅といえども、春や秋の快晴の日には窓を開けて暮らしたい。やはり、窓は日本製のものがよい。

真夏に2階が暑い家は屋根の断熱が不完全な家だ。屋根の断熱は長時間の日射に耐えるため、外壁に比べて約2倍の断熱性が必要である。例えば、外壁の断熱材が高性能グラスウール１４０ミリであれば、屋根の断熱材は２８０ミリ必要だ。これだけの厚さを充填断熱で行うには、屋根面で断熱するよりも天井面で断熱する方が簡単だ。

当社では屋根の通気工法を採用している。屋根の通気工法とは、屋根面で熱せられた空気を自然対流で棟から放出する工法で、棟換気とも呼ばれている。棟換気を採用するには、屋根の形状を切妻屋根にするとよい。真夏でも2階が暑くなることはなく、小さなクーラーだけで家全体が涼しく快適である。

木造在来工法の床下は、根太や大引きが交差するので、断熱材を連続させるのが困難である。

外断熱施工例

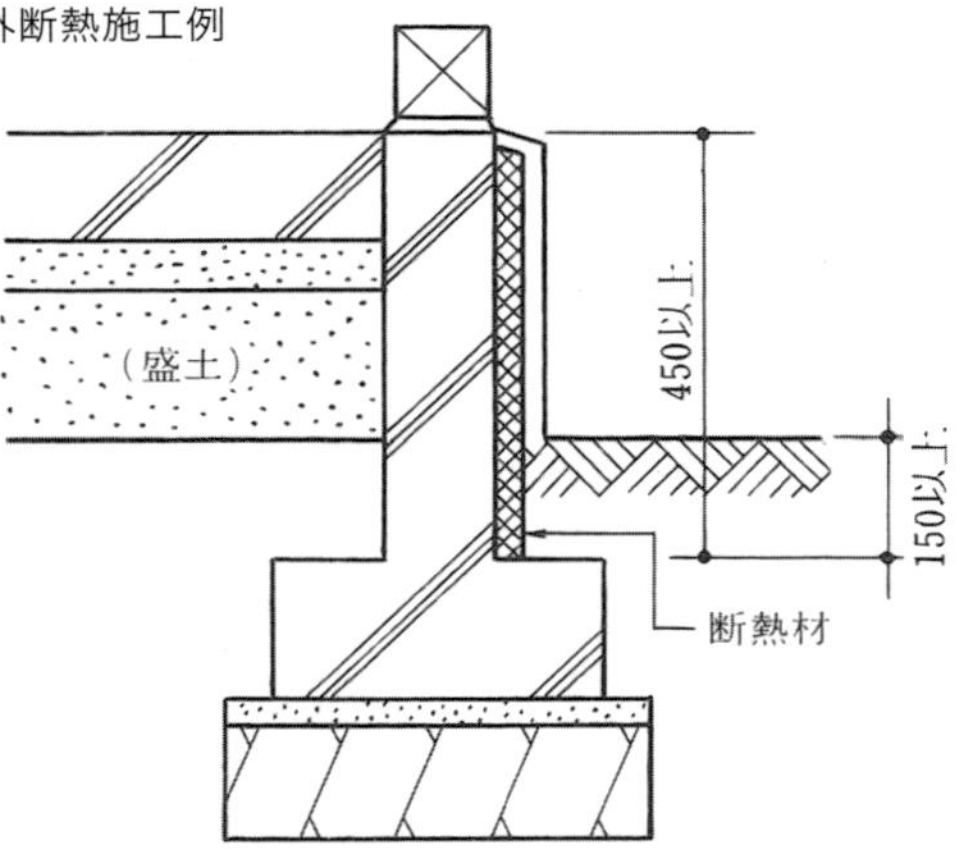

住宅の新省エネルギー基準と指針／
（財）住宅・建築 省エネルギー機構

かつては床面で断熱する工法が一般的であったが、基礎の外周面で断熱する工法は基礎断熱と呼ばれ、次世代省エネ基準では基礎断熱工法を優れた工法として紹介されている。外張り断熱工法の普及により、基礎の外周面を断熱する基礎断熱は一般化した。

土間床工法も基礎断熱の一種であり、私は35年前から土間床工法を採用している。土間床工法は、床下の断熱と防湿を兼ね備えた優れた基礎工法である。基礎の外周面には、硬質ウレタンフォームなどの断熱材を外断熱工法で施工する。

夏型結露について

寒冷地と異なり、高温多湿の関東では夏型結露に対する知識も必要である。夏型結露とは、クーラーの使用時に床下で結露が発生する現象で、昔はクーラーを使用しなかったので夏型結露は発生しなかった。

建築の専門誌には床下に水が溜まった例が度々報告されている。中には1ヶ月でバケツ6杯の水が溜まった例や、床下に深さ6センチの水が溜まった例が報告されている。だが、原因は不明だという。

高温多湿の関東では床下換気口から暖かく湿った外気が流入し、室内でクーラーを使用すれば床下で結露が発生する。大手住宅メーカーの間では、床下に防湿コンクリートを施工するメーカーが増えた。その結果、床下の防湿コンクリートが貯水槽となり、水が溜まることとなった。家々の床下に水を湛えた光景は、まさに日本の珍百景といえる。床下の防湿コンクリートは何のために必要かを見直す必要があると思う。

同様なことは外壁にも当てはまる。建築の専門誌には夏型結露による被害の例が度々報じられている。中には築7年で家を建て替えることになった例もある。この家では、外壁の通気層から湿った外気が流入し、築7年で柱や梁などの構造材が腐ったと、写真付で報じられていた。かつて北海道では新築後間もない家の床が腐って落ちる事故が多発した。今後は関東でも夏型結露により、構造材が腐る事故が多発する恐れがある。だが、夏型結露についての研究は、まだ始まっていない。

寒冷地と異なり、関東では外壁の通気層は必要ないと考える。通気層からは湿った外気が断熱材に流入するからだ。断熱材の外側に防湿フィルムを貼る必要があり、断熱材の内側に防湿フィルムを貼るのは危険だと思う。だが、次世代省エネ基準を定めたのは北海道の研究者であり、夏型結露のことは想定していないのだ。

この問題を東大の工学博士である坂本雄三教授に質問したところ、坂本教授は私の質問には答えず、しばらく考えたのちに、外壁の通気層は西日対策として効果があると、その場をつくろった。私はそれ以上追及するのを止めた。

高温多湿の関東で夏型結露を防ぐには、関東の建築業者が独自で解決しなければならないと思った。夏型結露の被害が広がれば、その責任は誰が負うのだろう。

防湿シートを製造するデュポン社によれば、断熱材の中に溜まった水蒸気を室内側に放出するために「ザバーン」という商品を開発し、断熱材の室内側に施工するという。北欧ではクーラーを使用しないので夏型結露は発生しない。

基礎断熱工法

布基礎の換気口を塞ぎ、床下の空間を室内側から換気する試みも行われている。『日経ホームビルダー』の２０１５年９月号と11月号には、「初めての基礎断熱」という特集記事が掲載されている。

この特集記事には10社の建築業者の例が紹介されている。秋田県には「床下暖房」を目指して30年以上も努力している建築士がいる。以前は床下にＦＦ式ストーブを1台設置していたが、それをエアコンに置き換えたものだ。

『日経ホームビルダー』
2015 年 9 月・11 月／日経 BP 社

床下暖房は床下に1台の室内機を設備し、床下の空気を暖める方式である。各室の床にスリットを設けて、自然対流で部屋を暖めることを目指している。この方式では温度ムラが生じ、室内機に近い部屋では暖かさが感じられるが、室内機から遠い部屋では暖かさは感じられないと

新省エネルギー基準に示された基礎断熱

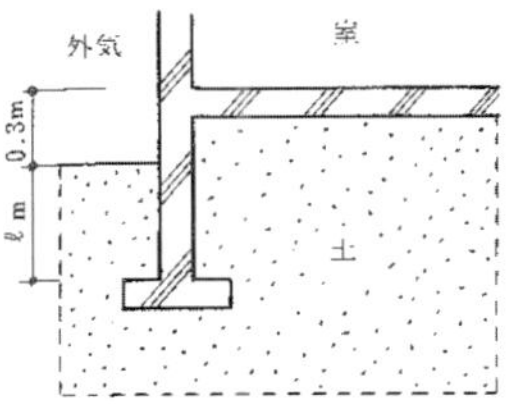

（a）土間床（無断熱）

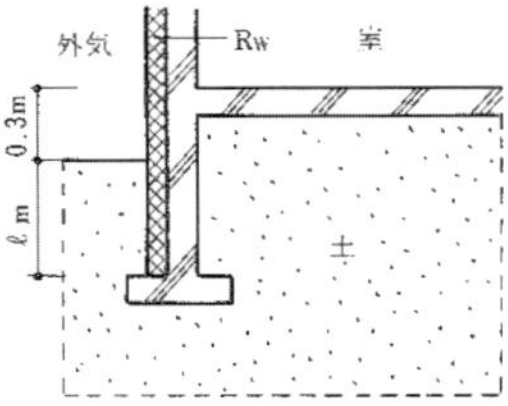

（b）土間床（基礎断熱）

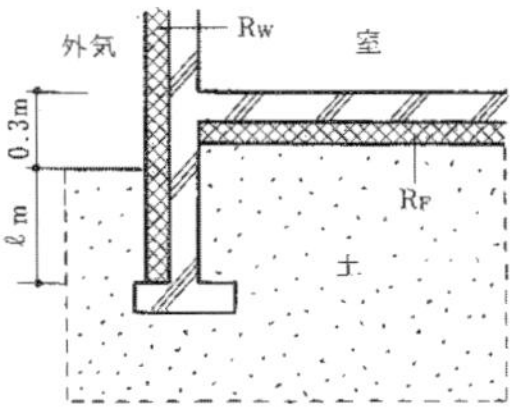

（c）土間床（基礎・土間下断熱）

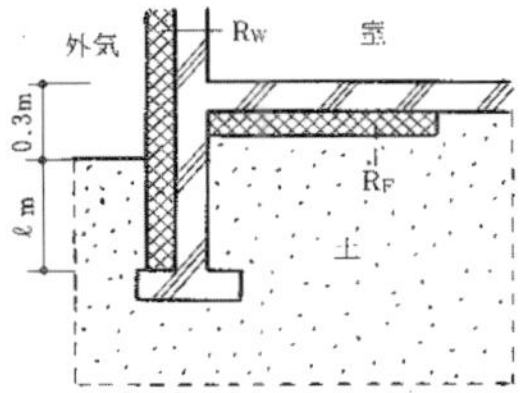

（d）土間床（基礎・土間下外周部断熱）

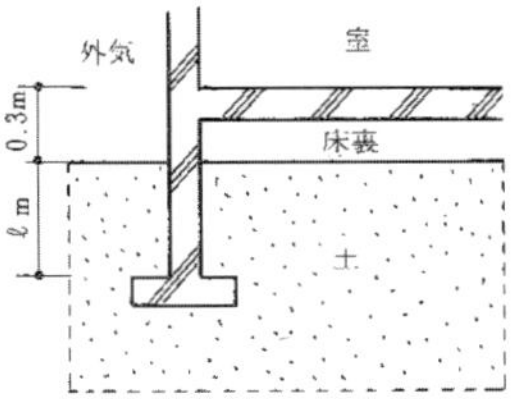

（e）外気に通じない床裏を持つ床（無断熱）

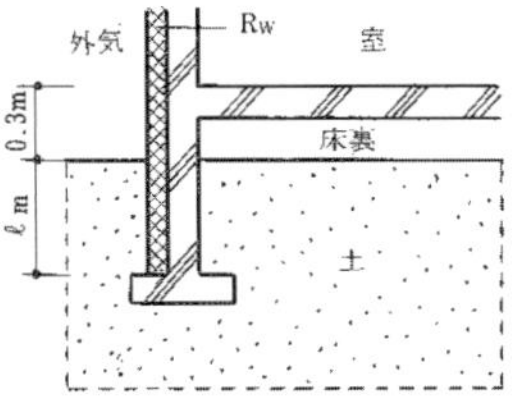

（f）外気に通じない床裏を持つ床（基礎断熱）

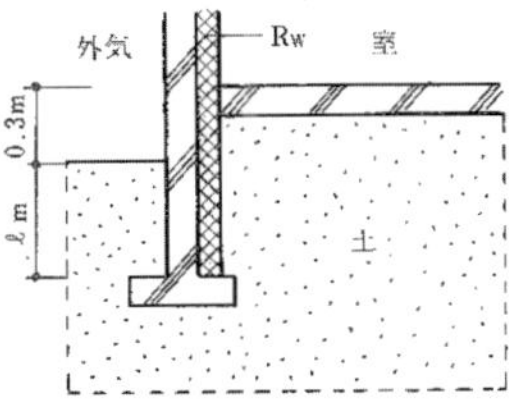

（g）土間床（基礎内断熱）

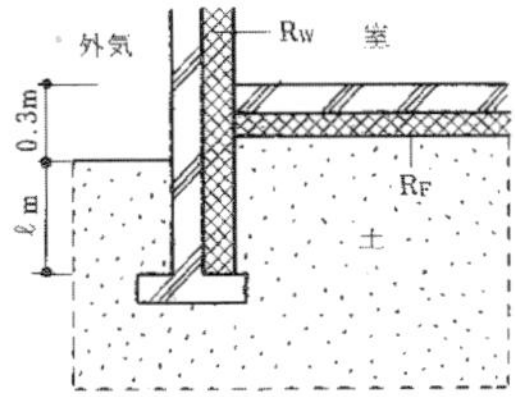

（h）土間床（基礎内断熱・土間下断熱）

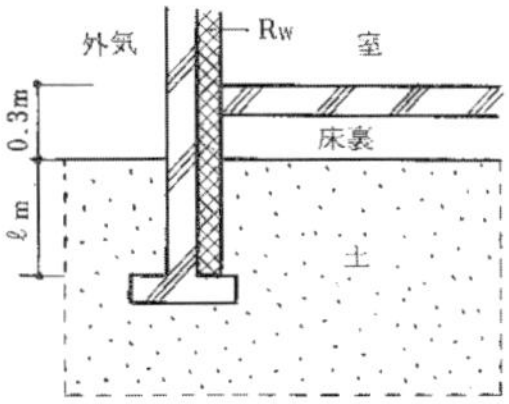

（i）外気に通じない床裏を持つ床（基礎内断熱）

いう。室内温度より床下の温度を高くするなど無駄が多い。

彼は温度ムラをなくすために布基礎の中通りを地中梁に変えるなど、涙ぐましい努力を続けているが、結局温度ムラはなくならなかったという。

熱を均等に配るには空気で熱を配るより、温水パイプで熱を配る方が簡単だ。気体は熱を運ばないが、液体は大量の熱を運ぶことができる。彼がなぜ床暖房を採用しないのかは理解できないが、床下暖房の研究はこれからも続けるらしい。

彼は高気密高断熱住宅研究の第一人者であり、結露を防ぐ研究の目的で北欧を訪れたとき、私とは同じ研究グループだった。私は今でも彼を尊敬している。

この特集記事には、初めて基礎断熱を採用した建築業者の報告も掲載されている。その記事によれば、基礎断熱はシロアリの被害を誘発させるという。基礎の内側に蟻道ができた写真が掲載されていた。また、基礎断熱の家では竣工後1～2年で結露やカビが発生しやすいという。さらに、床下を除湿しているのに新しいカビが発生した例も報告されている。

『日経ホームビルダー』は建築の専門誌であり、建築業界への影響は大きい。建築業者の中

床下を換気する布基礎が悪い例として示されている

○ 良い例

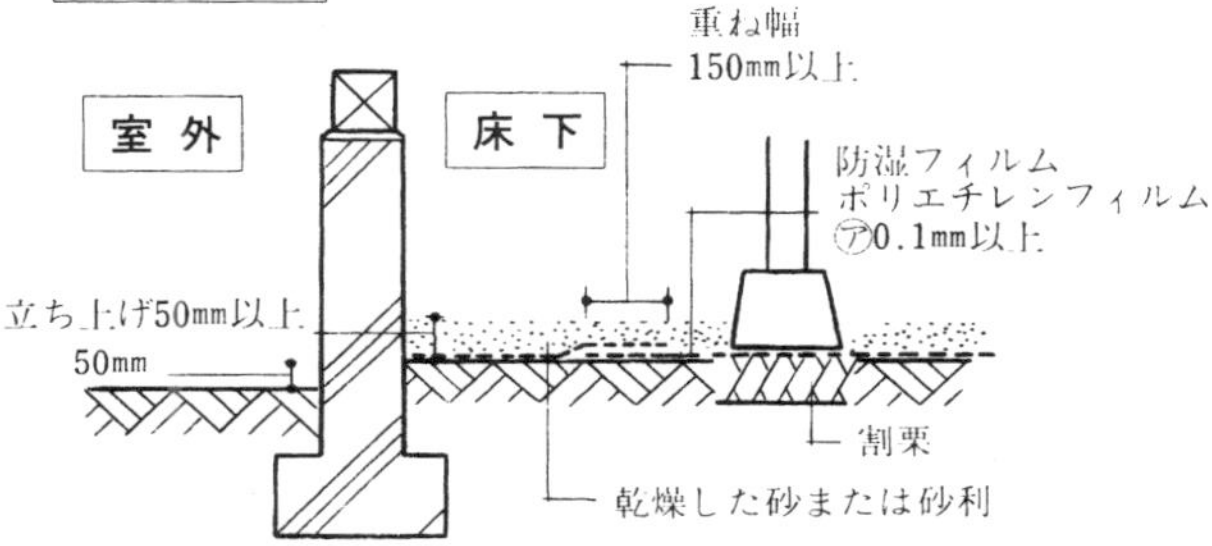

× 悪い例

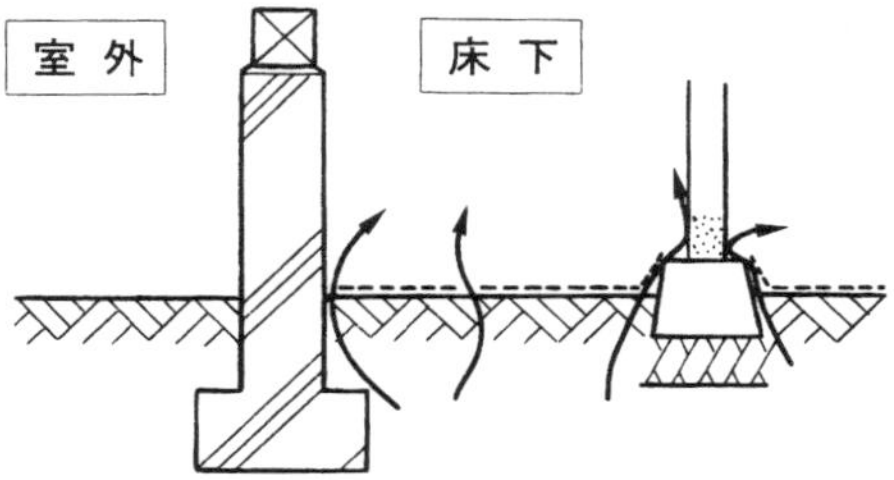

床下防湿ベタコンクリート

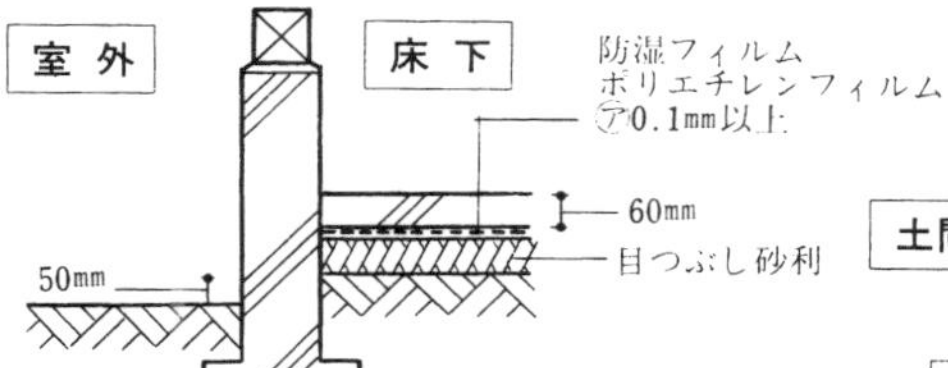

土間コンクリート床

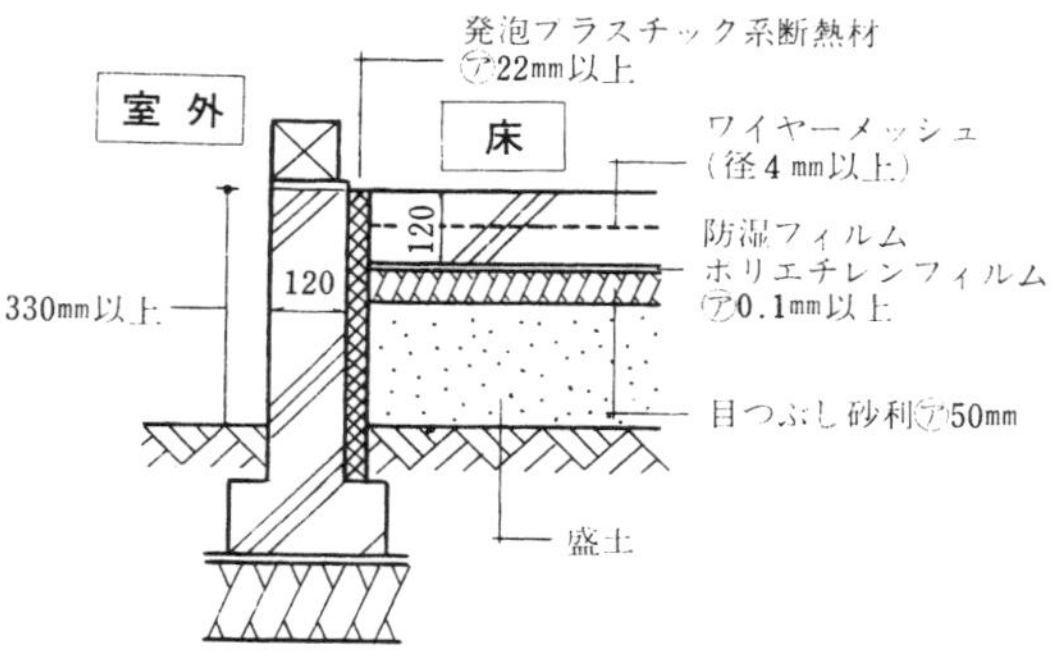

には、間違った基礎断熱工法を真似する建築士もいるだろう。基礎断熱は欠陥工法だと誤解する建築士もいるだろう。私は『日経ホームビルダー』の編集長あてに抗議の手紙を送ったが、何の返事も得られなかった。

私は基礎断熱を採用しているが、床下にカビが発生したこともシロアリが繁殖したこともない。都内で地下室付き住宅を数十棟建てたが、地下室でカビや結露が発生した家はない。それは地下室の温度と湿度を一定に保つことができたからである。地下室の床はじゅうたん敷きの家が多く、床が湿気ることはないので安心だ。

基礎断熱を採用する場合には、建築業者が正しい知識と経験を持つことが何よりも大切だと思う。建て主の家を実験台として失敗を繰り返すことは、建築業者として許されることではない。被害に遭った建て主は、欠陥住宅で暮らすことになるからだ。

この特集記事を取材した『日経ホームビルダー』の記者は建築の専門家ではなく、基礎断熱の正しい知識を理解できなかったのだと思う。

第3章　常識が変わる

蓄熱式床暖房

地中の温度は年間を通してほぼ一定で、室温の安定に役立つ。蓄熱式床暖房はこの原理を応用したものである。地下室が夏涼しく感じられるのも地熱の影響である。

蓄熱式床暖房の蓄熱層は地球である。東京周辺では地熱は16℃前後あり、夏は床が室内の熱を吸収し、床の表面温度は26℃前後に上昇する。冬には26℃の温度を保つために温水パイプで熱を補充する。

冷え切った床を暖めるよりも、前日の暖かさを保つ方がエネルギーは節約される。冷え切った部屋を暖めるよりも、家全体の暖かさを保つ方が快適だ。床面だけでなく、壁も天井も家具

土間床工法の建築現場

温水パイプの配管

も温度は一定に保たれている。

朝夕2時間ずつ、温水を循環させるだけで床の温度は変わらず、室温を一定に保つことができる。温水の熱源はガスまたは灯油の給湯器を使う。

蓄熱式床暖房は経済的な床暖房である。市販の床暖房に比べて設備費は安く、浴室や便所など1階の床全面に設備できる。1階の床に設備するだけで2階も暖かく、他の暖房設備は一切必要ない。暖房費は驚くほど安く、延床面積165㎡（50坪）の家では真冬でも月に1万円程度である。

低温で快適な蓄熱式床暖房は冬の過乾燥を防ぐのにも役立つ。相対湿度は室温に反比例するので、室温を低く保つことで湿度も安定する。エアコンなどの温風暖房では、室温が26℃以上でないと暖かさを感じないが、床暖房の家では室温が22℃前後で快適だ。そのため、蓄熱式床暖房の家では加湿器は必要ない。頭寒足熱といって、足元が暖かいのが理想だ。

私が北欧を訪れた当時、スウェーデンでは温水式パネルヒーターが主流で、床暖房の家はなかった。パネルヒーターを窓下に設置し、窓から冷えた空気が床に溜まるのを防ぐことで室温

北欧の温水式パネルヒーター

を一定に保つ暖房方式である。室温は高いが足元が寒いので、彼らは室内で靴を履いて暮らしていた。雪道で濡れた泥靴が室内で乾き、室内が土埃で汚れるという。

私がスウェーデンの換気扇メーカーを訪れた

とき、持参した床暖房ウェルダンのパンフレットを技術者に見せた。温度湿度計のグラフを見た彼らは驚きを隠さなかった。そのグラフを見ただけで、相対湿度が室温に反比例することを理解したからだ。さすが省エネ技術が発達した国だと私は感心した。技術者たちは蓄熱式床暖房に興味を示し、土間床工法や温水パイプを配管した写真を指差して、何やらスウェーデン語で話し合っていた。言葉は通じなかったが、彼らは床暖房の暖かさよりも、冬の過乾燥を防ぐことに興味があったのだ。

冬の過乾燥を防ぐには、室内の温度を低く保つ必要があることを彼らは理解した。それ以降、彼らは私に対する態度を一変させた。

日本では蓄熱式床暖房に興味を示す建築士などいない。室内の温度と湿度を一定に保つことへの関心が全くないのだ。建て主が快適な居住空間を求めないのも問題だと思う。

低温で快適な蓄熱式床暖房は北欧全域に普及した。いずれ日本でも普及するだろう。

市販の床暖房

日本では床暖房の歴史が浅く、蓄熱式床暖房はまだ普及していない。最近は「三菱電機」や「ダイキン」などからヒートポンプ式温水暖房システムが発売されている。ヒートポンプはエアコンの一種で、夏はクーラーの室外機として兼用できる機種もある。

市販の床暖房はパネル式床暖房が主流で、三菱電機では自社の床パネルを使用し、ダイキンでは他社の床パネルを使用する。

市販の床暖房は床パネルの価格が高く、全室に設備する建て主は殆どいない。部分的に床暖房を設備する家では、他の暖房設備と併用しなければならない。

三菱電機のカタログには、暖房面積60畳のプランが例として示されている。設備費の小売価格は２８０万円で、床パネルの取り付けや温水パイプの配管などの施工費が別にかかる。

市販の床暖房

ヒートポンプ式床暖房は熱源機の価格は高く、電気料金も高い。パネル式床暖房は床面が暖まるまでに時間がかかるため、24時間ヒートポンプの運転を続けなければならない。床下を換気する布基礎の家では、床暖房の熱は大半が床下から失われるからだ。

ヒートポンプ式床暖房の電気代は高く、6・7kw（30畳用）のヒートポンプ1台につき、真冬の電気代は月に約2万円はかかる。延床面積165㎡（100畳）の家では3台のヒートポンプが必要で、全室床暖房の家では電気代が月6万円にもなる。高齢者の私には月6万円の電気代は払えない。

「全館床暖房」のモデルハウスには、ヒートポンプの室外機がずらりと並んでいる。これでは、床暖房が不経済な暖房方式だと誤解されるのも無理はない。床下を換気する日本の住宅には、市販の床暖房は適さないのだ。

モデルハウスの裏に並んだ
ヒートポンプの室外機

冷房について

熱帯夜の続く都市部では、窓を開けても自然の涼風など得られない。真夏でも窓を開け放して暮らす人は我慢強い人だと思う。

クーラーを設備するには家の断熱性が何よりも大切だ。断熱性が低い家では、各室にクーラーを設備しても家全体が涼しくなることはない。廊下や便所がムッとする家は快適とは言えない。大手住宅メーカーのモデルハウスでクーラーの室外機が多いのはそのためだ。

クーラーには除湿機能があり、建物の気密性を高めれば、梅雨時でも家全体の湿度を60％前後に保つことができる。浴室にもカビは繁殖せず、押入れの中が湿気ることもない。

家の断熱性を高めれば8畳用のクーラーで約30畳の広さを冷房できる。マルチ式エアコンなら1台の室外機で60畳の広さを冷房できる。

私の自宅は延べ床面積１６５㎡（１００畳）の２階建てだが、６・３㎾のエアコンを２組設備して、家全体の冷房を行っている。家族は2人だけなので、クーラーを同時に3ヶ所運転することはない。例えば、2階でクーラーを使用するときは1階も涼しい。浴室や便所が涼しいのは、計画換気の排気側にあるからだ。

日本では家の断熱性を高めないまま冷暖房方式が発達した。大手電機メーカーは自社のエアコンを販売する目的で、エアコンと計画換気システムを組み合わせた機種を考案した。三菱電機の「ロスナイ」や松下電器の「気調システム」などである。だがこれらの機種は10年ほど前に製造中止となった。これらの機種を設備した建て主は、換気システムが故障しても部品の在庫がなく、不自由な思いをしている。

換気と冷房と暖房とは目的が異なるので、設備を複雑に組み合わせるべきではない。エアコンの室内機を天井付近に設備するのは間違いだと思う。天井付近は暖かくても足元が寒い家は快適ではない。

地中熱利用の冷暖房

地球の温暖化防止に向けて、欧米では地中熱利用のヒートポンプが普及している。私も10年ほど前から地中熱利用の冷暖房を実用化している。立川市の本社社屋は20年前に建てた2×6工法の建物だが、この建物を利用して実験を行った。

地中の温度は年間を通してほぼ一定の温度を保つので、室温の安定に役立つ。冬は地中の熱を集めて室内に送り、夏は室内の熱を集めて地中に放出する。熱を集めるにはヒートポンプを利用する。

地中熱を利用するには深さ80メートルの熱交換井を掘削し、熱交換用パイプで不凍液を循環させて室温を快適温度に保つ。地中熱ヒートポンプは大気中に熱を放出しないので、熱帯夜の防止対策に役立つ。

２００９年7月号の『クリーンエネルギー』には、地中熱利用の特集記事が掲載されている。

熱交換井

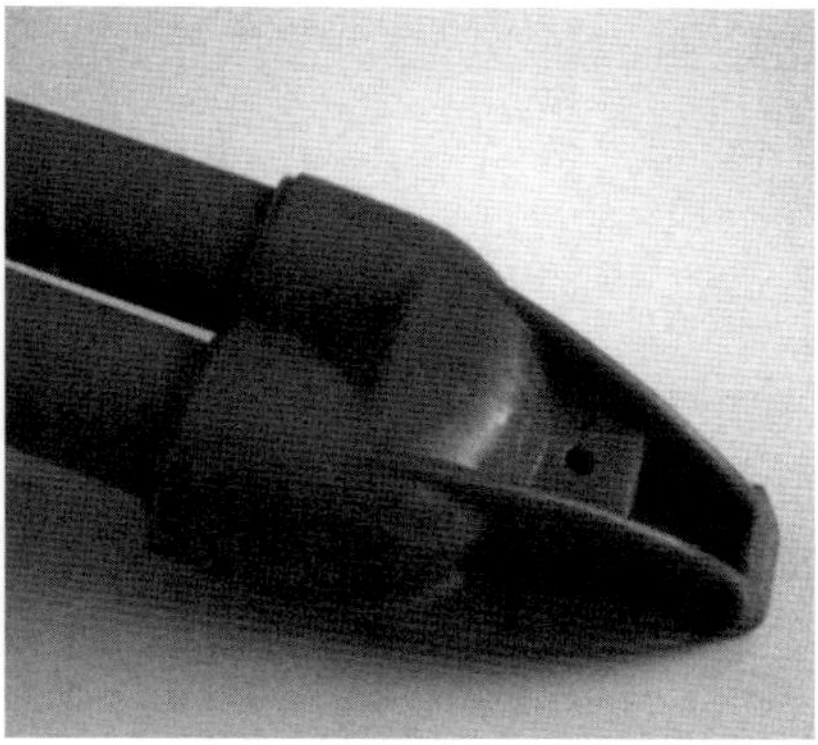

地中熱利用の熱交換用パイプの先端

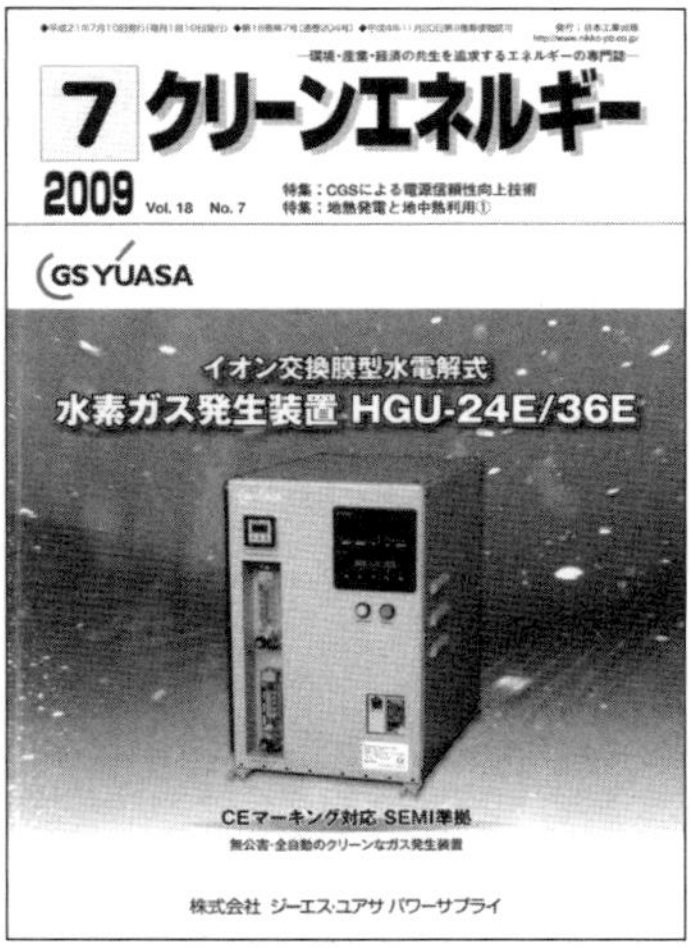

『クリーンエネルギー』
2009年7月／日本工業出版

サンポット社製
地中熱利用のヒートポンプ

地中熱利用普及協会の要請で、私に原稿依頼があったので、立川本社の実験例を投稿した。当社の建物は延床面積約３００㎡の２階建てで、10 kwのヒートポンプ１台で冷暖房している。熱交換井は深さ80メートルの熱交換井１本だけである。

冬は１階の蓄熱式床暖房に熱を送ると、建物全体が暖かい。エアコンなどは必要ない。夏は冷房能力10 kwのヒートポンプで、２・５ kwの室内機４台で全館冷房を行っている。

同誌には三菱マテリアルテクノ（株）の記事も掲載されていた。同社では深さ90メートルの熱交換井を16本掘削し、８台のヒートポンプで冷暖房を行っている。

（株）ワイビーエムの記事では、深さ75メートルの熱交換井を12本掘削した例が報告されていた。深さ75メートルの熱交換井を１本掘削するには２００万円相当かかるので、実用化には向かないと思う。

日本で地中熱利用の成功例がないのは、建物の断熱性が低いからだと思う。実験する建物の性能を高めれば、地中熱利用の実績が増えると思う。東京スカイツリーの「ソラマチ」にも地中熱利用のヒートポンプが設備されている。だが、断熱性も気密性もない建物に地中熱利用の冷暖房を設備しても意味がないと思う。

私は本社の他にも10棟の実用化に成功し、立川のモデルハウスにも設備した。山梨県都留市など地下水の流れが多い地域では、熱交換井の深さが浅くても、冷房の効率がよいのでメリットは大きい。

スウェーデンなど北欧では地中熱利用のヒートポンプが普及し、オチ式床暖房の熱源として利用されている。低温で快適な蓄熱式床暖房は、冬の過乾燥を防ぐのに役立つ。このことがスウェーデンで評価され、急速に普及したと考えられる。

蓄熱式床暖房の普及により、スウェーデンでは家の中で靴を履かない暮らしが定着しつつある。反対に、日本では家の中でスリッパを履く暮らしが定着した。

太陽光発電について

地球の温暖化防止に向けて各国で様々な取り組みが始まっている。北欧ではトリプルガラス窓が普及し、家の居住性が高められた。日本では屋根のソーラーパネルが普及し、家の居住性は置き去りにされた。

日本では家の居住性よりも世間体を気にした家づくりが行われている。限られた予算の中で、居住性を優先させるのか世間体を優先させるのかは、建て主の選択にかかっている。窓がアルミサッシの家に太陽光発電を設備しても、エネルギーは節約されない。

補助金目当てに太陽光発電を設備する人もいるが、電力会社による買い取り制度は10年間であり、シリコン系ソーラーパネルの寿命は20年である。これでは初期投資を回収できない。買い取り制度がなくなれば、太陽光発電を設備する人はいなくなるだろう。ドイツのメルケル首相は太陽光発電の買い取り制度を廃止した。

一説によると、太陽光発電設備を大量生産すると地球環境を悪化させるという。シリコンの結晶を取り出すために大量の電力を消費し、それを自主回収できないというのだ。さらに、20年後にはソーラーパネルは産業廃棄物として処分される。それにより炭酸ガスの排出量はさらに増大する。

地球の温暖化防止を考えるなら、窓ガラスを3重にするなどして、窓から失われる冷暖房用エネルギーを節約すべきである。

大手住宅メーカーの中には太陽光発電設備を推奨するメーカーもあるが、それは住宅メーカーの価値観であり、建て主にとって何のメリットもない。家の居住性を犠牲にしてまでも太陽光発電を設備するのは、世間体を優先する建て主だと思う。

防犯対策を考える

数年前、自宅近くで4件の空き巣被害が発生した。それは同じ日の白昼に起こった。

Aさんは独り暮らしの男性で、週の内数日は都内に住む娘さん夫婦の家に同居し、週末には囲碁を楽しむために日野市の自宅に帰ってくる。Aさんは私の囲碁仲間である。Aさんは留守中は雨戸を閉めていたのだが、雨戸は簡単に外されていたという。

Bさんは近くのスーパーへ夫婦で買い物に出かけた。帰宅して玄関のカギを開けたが、玄関ドアの内側に防犯用のチェーンがかかっていて、ドアが開けられなかった。不審に思ったBさんが庭に回るとアルミサッシの掃出し窓が開いていた。室内の床には土足の足跡が2階にまでついていた。アルミサッシはペアガラスであったが、クレセントの外側のガラスに鉛筆の太さほどの穴があけられていた。警察の説明によると、これはプロの空き巣の手口で、ペアガラスの窓でもドライバー1本あれば数秒でクレセントを解除することができるという。

なお犯人は2人組で、1人は外で見張りをし、家主が帰宅したことを携帯電話で内部に侵入した相棒に知らせたのだという。犯人は逃げるための時間を稼ぐために玄関ドアのチェーンをかけ、安心して家中を物色したのである。Bさんの家には雨戸がついていたが、昼間の外出だったので、雨戸は閉めていなかった。

残りの2軒は空き家であり、被害は殆どなかった。2軒とも雨戸は常に閉められていた。防犯上、雨戸は必要だと考える人もいるが、実際に役立つとは限らない。昼間でも雨戸を閉めていれば留守であることを空き巣に知らせることになり、旅行で留守にするときには注意が必要だ。私は新聞販売店に連絡し、留守中は新聞の配達を中止してもらうなどの注意を怠らない。空き巣は注意深く下見をし、身の安全を確かめてから侵入するという。電気のメーターを確かめなくても、真夏にクーラーの室外機が稼働していなければ留守だと確信できる。

私が建てた輸入木製サッシの家で空き巣の被害に遭った家もあるが、その侵入口はすべてアルミサッシの勝手口ドアであった。空き巣は見慣れない木製サッシよりも、勝手知ったるアルミサッシのドアから侵入することを選ぶ。私は建て主に「セコム」の防犯システムを勧めている。

三度目の家づくり

私は残りの人生を自宅で暮らしたいと思う。そのためには、健康で快適に暮らせる家が必要だ。２人の息子は独立し、空き部屋が２部屋になった。そこで妻の要望を取り入れ、家を建て替えることにした。

外張り断熱工法の自宅は夏になると家中が暑かった。熱交換換気システムのダクト内には汚れが溜まり、給気口の周囲は真っ黒に汚れていた。クーラーを使用する日本の住宅には、熱交換型換気方式が適さないのだ。給気側のダクト内で夏型結露が発生するからだ。

私は高温多湿の東京で、夏も快適に暮らせる家を建てたかった。各階に１台の小さなクーラーで、家全体を快適温度に保つ家が欲しかった。ＹＫＫ ＡＰ社のトリプルガラス窓も使ってみたかった。

間取りは妻の要望を優先し、対面キッチンと壁一面の食器棚を設備した。ＬＩＸＩＬのショールームで気に入った食器棚を見つけて、東側の壁一面に配置した。台所の南面には高さ2メートルの縦長窓を配置した。台所は足元まで明るく、庭のバラも眺められる。

階段の上り下りの回数を減らすため、昼間は1階で生活し、夜寝る時だけ2階を使うことにした。そのため、1階と2階に納戸を設け、整理たんすなどの家具もすべて納戸に配置した。各居室に収納は必要なく、部屋を広く使いたい。

私の自慢は階段下の空間に高さの異なる組み立て式ラックを配置し、ペットボトルや洗剤など全ての生活用品を収納したことだ。階段下の空間は温度も湿度も一定に保たれている。

建築工法は2×6工法とし、高性能グラスウールを外壁に140ミリ、屋根裏に280ミリ充填した。さらに、屋根面に通気層を設けて夏の暑さに対処した。屋根材にはガルバリウム鋼板の「コロナ」を採用した。コロナは耐久性があり、色もあせることはない。

自宅は述べ床面積165㎡（50坪）の2階建てで、階段部分が吹き抜けになっている。真夏でも2階が暑くなることはなく、夕方帰宅したときも玄関がムッとすることもない。

冷房能力6・3kwのクーラーを2組設置した。それぞれはマルチタイプなので、8畳用の室内機を4ヶ所に配置できる。

2階に14帖の寝室が2室あり、各室に8帖用クーラーを設置した。階段室に吹き抜けがあり、2階でクーラーを使えば1階も涼しい。1階は18帖のリビングと16帖のダイニングキッチンにクーラーの室内機を設置し、どちらか一方を運転するだけで1階全部が涼しい。

自宅の電気料金は真夏でも1万円を超えたことはない。冷蔵庫も洗濯機も照明器具も含めてである。太陽光発電などは使っていない。

車椅子での暮らしを想定し、玄関ポーチから道路までスロープを設けた。

住み始めて3年が過ぎたが、不満は何もない。妻は庭のバラの手入れに余念がない。その姿を見るにつけ、2日間徹夜してこの宅地を購入してよかったと思う。

住宅展示場について

家づくりをする人が一度は訪れるのが、住宅展示場である。展示場には様々なデザインのモデルハウスが立ち並び、見る人を楽しませる。だが不思議なことだが、居住性を確かめるためにモデルハウスを訪れる人は少なく、春や秋の快晴の日には大勢の家族連れでにぎわう。

モデルハウスには様々な人が訪れる。真夏にモデルハウスを訪れて、床暖房の説明を求める人もいる。意味もなく壁を叩く人もいる。当社には、壁を叩く人は家を建てないというジンクスがある。このジンクスは30年以上も破られていない。

住宅展示場のモデルハウスは5年から10年程度で建て替えられる。中には1億円以上の豪華なモデルハウスもある。東京周辺には10数ヶ所の総合住宅展示場があり、大手住宅メーカーの中には各住宅展示場に複数のモデルハウスを出展しているメーカーもある。

モデルハウスを出展するには展示場の運営会社に補証金を支払い、1区画につき毎月

モデルハウスの裏にずらりと並んだエアコンの室外機

200万円程度の出展料を支払う。

各モデルハウスには5名から10名の営業マンが所属し、設計は各営業マンが一人で担当する。建築確認申請などの手続きは建築設計事務所に代行させる。営業マンの年収は建築士の年収より高い。

大手住宅メーカーは販売会社と化し、高い利益を上げている。社員の大半が営業マンで構成され、施工は下請け業者に請け負わせる。建築費に含まれる販売経費の割合は35パーセントにも達する。だから建築費が高い割に、住宅の質は低いままなのだ。日本の建築費が高いのは、大手業者なら安心だ、などと考える建て主の側にも責任はあると思う。

ドイツではフランクフルトのような大都市でも総合住宅展示場は1ヶ所しかなかった。しかもモデルハウスを見学するには入場料が必要である。何と合理的な国なのだろう。

「ヘーベルハウゼ」のモデルハウスでは、カタログを有料で売っていた。私は土産にカタログを1冊買ってきた。翌日は特急電車に2時間乗り、シュトゥットガルトの住宅展示場を見学した。スウェーデンにもデンマークにも住宅展示場はなかった。

伝統的デザインのドイツの家

壁画で有名なドイツ・アーバーマーカー村で

高齢化時代の家づくり

日本の住宅は高齢者にとって決して優しい住宅とは言えない。日本では家を長持ちさせるために基礎を高くするが、北欧では車椅子での暮らしを考えて基礎を低くする。住む人が自由に出入りできなくなれば家は寿命となるからだ。

暖房器具の普及により、暖房室と非暖房室との温度差は大きく、脳梗塞や心筋梗塞などによる家庭内での死亡事故は年々増え続けている。その数は交通事故の死者の数を大きく上回っている。バリアフリーとは床の段差だけでなく、家全体の温度差も含まれている。

高齢者にとって階段の上り下りは身体的な負担が大きく、危険が伴う。一般に、階段の幅は狭く、勾配は急である。木造住宅では13階段の家が多く、高齢者にとって危険が伴う。

間取りを考える上で階段の設計はもっとも大切である。階段の幅は1メートルが理想で、片側には手すりを付ける。階段の片側をくり棒手摺にすれば階段の有効幅はさらに広がる。段板

階段昇降機を取り付けた例

蹴上げ高さ 19 センチの
緩やかな階段

の幅は25センチは必要で、蹴上げ高さは20センチが望ましい。一般に天井の高さは2・4メートルの家が多く、2×4工法の場合には階高は約3メートルである。この場合には15段の段数で緩やかな階段になる。日本の木造在来工法は階高がさらに高くなるので、段数を1段増やす必要がある。階段は直線階段が理想で、曲がり階段の場合には踊り場を設ける。三つ割の段板は慌てた人が踏み外して大けがをする危険性がある。

日本エレベーター社では階段昇降機を発売している。階段昇降機はエレベーターに比べて設備費が安く、既存の階段に後付けで設備できる。建物の設計段階で同社に相談すれば、将来に備えて安心だ。

車椅子での出入りを考えれば、玄関の上がり框は低い方がよい。これまでの日本では家を長持ちさせるために基礎を高くする家が多かった。そのため、玄関での上り框の高さは20センチ以上あり、車椅子での暮らしに適さない。基礎には土間床工法を採用し、上がり框の高さを9センチ程度にしたい。玄関ポーチにも車椅子での出入りを考えてスロープを付けるとよい。

排泄は生命維持のため必要不可欠な行為であり、人間の尊厳にかかわる大切な場所である。

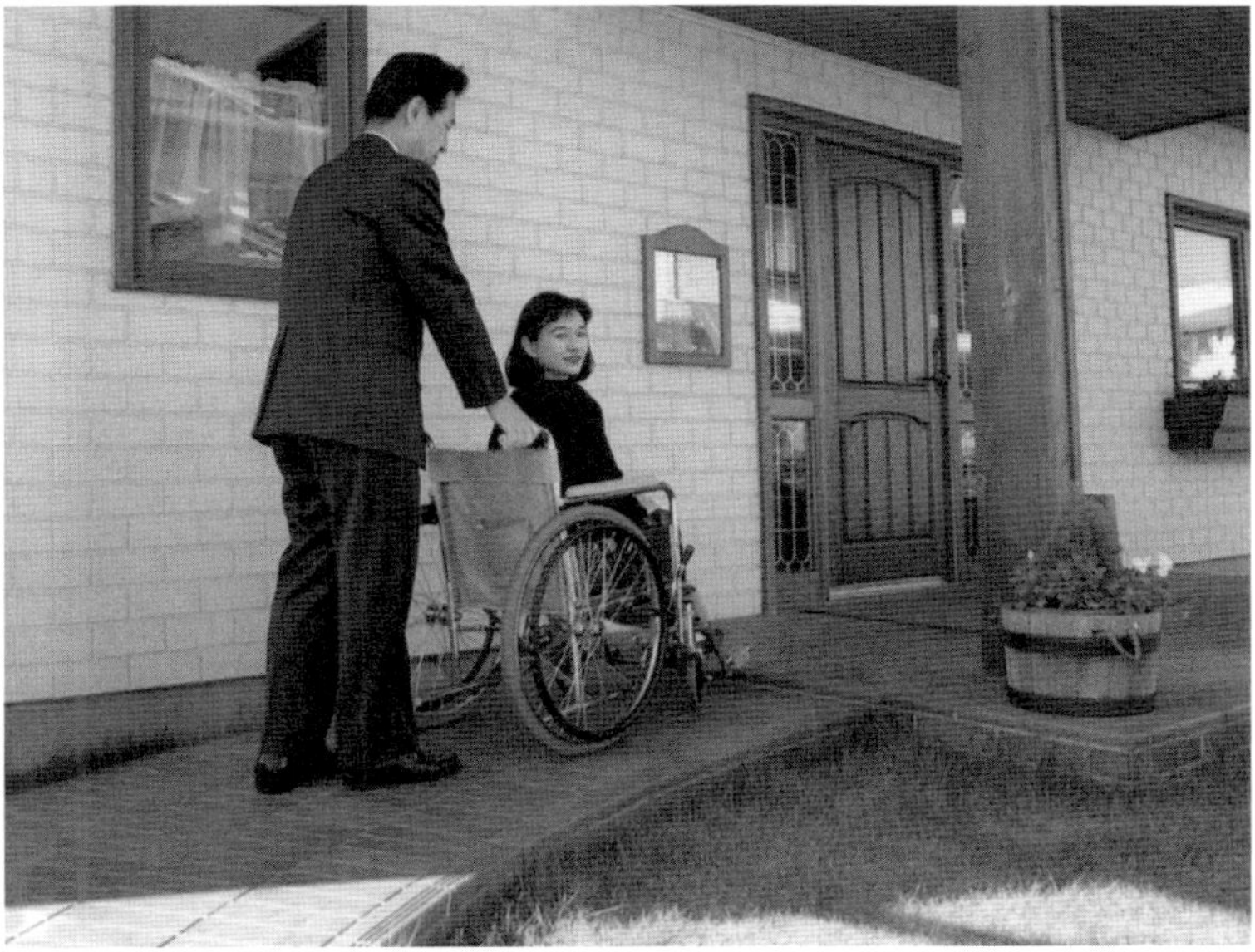

車椅子での出入りを考えた玄関のスロープ

高齢者は夜間に使用する頻度が高くなり、寝室と便所の位置は近い方がよい。便所の幅は3尺（約91センチ）では狭く、幅は1・5メートルとし、奥行きは1・8メートルは必要である。便所の壁には手すりを付けるスペースが必要で、介護が必要になれば便器の横に30センチ程度の空間が必要である。便所の入り口は60センチでは狭く、70センチあれば車椅子で通れる。

浴室の広さは1坪では狭く、1・8メートル×2・3メートルは欲しい。浴槽は半埋め込みとし、手すりの付いた浴槽を選ぶ。浴槽にサーモバスと呼ばれる断熱カバーを使うと浴槽の湯は暖かさが持続する。洗い場の床には床暖房が必要で、出入り口は車椅子での出入りを考えて引き戸の方がよい。

幅1.5メートルの便所

常識が変わる

家づくりの常識は時代とともに変わる。ときには古い常識を見直し、新しい価値観を身に付けることも大切だ。

南側の部屋は暖かくても北側の廊下や便所は常に寒く、雨の日や夜間は家中が寒いなど快適とは言えない。昨年は家庭内での事故による死者の数は、交通事故での死者の数の4倍を超えた。だが、自宅が危険な場所だと気付く人などいない。

結露やカビが発生する家は、日本の気候風土に適さない家だ。アルミサッシは熱伝導率が高く、真っ先に結露が発生する。省エネ住宅なら浴室でもカビは発生しない。

昔の茅葺屋根の家は涼しかった。屋根の断熱には茅葺屋根と同等の断熱性が必要だ。徒然草にも「夏を旨とすべし」と書いてある。

高温多湿の日本では、基礎を高くしても意味がない。車椅子での出入りを考えて、基礎は低い方がよい。土間床工法は床下の防湿と断熱を兼ね備えた、優れた基礎工法だ。関東では夏型結露が発生する。省エネ基準を定めたのは北海道の学者であり、夏型結露など「想定外」なのだ。

窓からは大量の熱が失われる。壁の断熱材を厚くするよりも、窓ガラスを三重にする方が先決だ。冷え切った部屋を暖めるよりも、前日の暖かさを保つ方がエネルギーは節約される。各室に暖房器具を備えるよりも、家の断熱性を高める方が快適だ。

市販の床暖房は設備費が高く、ヒートポンプの電気代も高い。高齢者にとって「夢の家／全館床暖房」など、夢のまた夢だ。

全館空調のモデルハウスにはクーラーの室外機が多い。玄関にも廊下にも階段室にもクーラーが必要になるからだ。自分の家で全室を同時に冷房する人などいないだろう。真夏でも各階に1台のクーラーで家全体を快適温度に保つには、独自の省エネ技術が必要だ。

営業マンが考えた間取りより、主婦が考えた間取りの方が優れている。家を建てるのにサービス料を払うのは勿体ない。営業マンの人件費は販売経費に含まれている。

換気システムと冷暖房を組み合わせた室外機

日本の次世代省エネ基準は「ザル法」だ。C値5の基準は隙間が多すぎるので、関東でも北海道と同等のC値2以下にしたい。だが平成24年には大手住宅メーカーに配慮して、相当隙間面積に関する基準が削除された。「日本の常識は世界の非常識」とはこのことだ。

居住性の高い家を建てるには、北欧の古い省エネ基準を参考にする方がよい。30年前の基準でさえ、窓はトリプルガラス窓、気密性の基準はC値1以下に定められている。

地震に強いと宣伝している鉄骨系プレ

ハブ住宅は、気密性も断熱性も低い。住む人が暑さ寒さに我慢できなくなれば、地震が起きなくても家を建て替えるだろう。

欧米では古い建物でも価値があり、築50年の木造住宅が新築住宅と同じ価格で売買されている。木材を輸入に頼る日本で、築30年で家の価値がなくなるのは悲しい。

寝たきりになってから長生きしても意味がない。車椅子でもいい。這ってでもいいから、排泄だけは自立して行いたい。

日本では我慢強いことは美徳だと考えられていた。真夏でも窓を開けて暮らす人もいる。経済大国の日本で、真夏でも窓を開けて暮らす姿は、決して美徳とは言えない。「武士は喰わねど高楊枝」の時代は終わった。

第4章　建て主の役割とは

建て主とは何か

家づくりは一生に一度の大きな買い物だと考える人は多い。高い買い物をするのだから自分はお客様だと思い込んでいる人もいる。複数の建築業者から見積書をとり、営業マンを相手に値引き交渉をする人もいる。

建売住宅や分譲マンションを買うのとは異なり、注文住宅を建てる場合の建て主は「お客様」ではなく、建築工事の「発注者」である。そして、われわれ建築業者は「請負者」である。建築工事請負契約約款には、「発注者と請負者は互いに信義を守り、この契約を履行する」と書いてある。すべての責任は最終的に「発注者」である建て主が負うことになる。

例えば、違反建築をして近隣とトラブルになったとき、それを解決するのは建築業者ではなく、建て主である。このことを自覚している建て主は案外少ない。

自分はお客様だと思い込んでいる建て主は、営業マンには好かれるが職方には嫌われる。職方にとっての発注者は下請け業者であり、下請け業者にとっての発注者は元請け業者である。建築中の現場では、「お客様」としての態度は通用しない。

家づくりを成功させるには、建て主と建築業者との信頼関係が何よりも大切である。信頼関係は一方的に生まれるものではなく、建て主と建築業者が互いに自分の役割を果たすことによって生まれる。どちらか一方が自分の役割を怠れば信頼関係は崩れ、ときにはトラブルに発展する。

建て主とは何かを知れば、建築業者の選び方も変わるだろう。

建て主が自分の家を建てるのに、無資格の営業マンに設計を依頼する国など他にはない。日本の住宅業界が「クレーム産業」と呼ばれるのはそのためだ。

営業マンが悪いのではない。大手住宅メーカーが悪いのではない。下請け制度が悪いのでもない。すべては建て主としての自覚がないことに起因する。

昔のように建築工事中に茶菓子の接待をする習慣はなくなり、上棟式も完成祝いも行われなくなった。だが、建て主としての自覚だけは失って欲しくない。

建て主の役割

自分がどんな家に住みたいかを考えるのは建て主の役割である。それによって建築業者の選び方も変わるし予算も変わる。だが多くの建て主は、自分がどんな家に住みたいかを考えないで建築業者を選ぶ。建築業者の品定めに明け暮れ、自分がどんな家に住みたいかを考える暇がないのだ。

人の価値観が異なるように建築業者の価値観も異なる。居住性を優先する建築業者もいれば、世間体を優先する建築業者もいる。日当たりと風通しに快適さを求める建築業者もいれば、断熱・気密・換気によって快適さを求める建築業者もいる。床暖房など必要ないと考えている建築業者もいるのだ。建て主がその選択を誤れば、不満だらけの家が建つのだ。

当たり前のことだが、家は設計図通りに完成する。決して設計図以上の家が建つことはない。つまり、家の良し悪しは設計の段階で決まるのだ。

建築業者を選ぶという意味は、大切な設計を誰に依頼するかということに他ならない。無資格の営業マンに設計を依頼しても思い通りの家は建てられない。建築士の知識や経験は、建て主の要望を満足させるために必要なのだ。

居住性の高い家を建てるには、省エネ住宅を専門に手掛ける建築士に設計を依頼すべきである。不慣れな建築士に依頼すれば、実験住宅にされる恐れがあるからだ。

高齢者用住宅を設計するには、「福祉住環境コーディネーター」の資格が役に立つ。

建築資金を手当てするのは建て主の役割である。

「ご予算は」と聞かれて、「安ければ安いほどよい」と答えるようでは、建て主として失格だ。本当に安い家が完成しても、あなたは心から満足できるだろうか。

建て主は建築業者を選ぶ前に、自分がどんな家に住みたいかを考えることが大切だ。「これだけの予算で、こんな家が欲しい」と、はっきり言える建て主は最高の建て主である。

建築士の役割

限られた予算の中で、建て主の希望通りに家を設計するのが建築士の役割である。建て主の希望は大きく、予算は少ないのが常であり、建築士の仕事は楽ではない。だが、家が完成したときに建て主の喜ぶ様子を見るにつけ、この仕事はやめられない。

建築工法を選ぶのは建築士の役割である。日本は地震の多い国であり、どの建築工法を選んでも地震に強い家を建てることはできる。阪神淡路大震災の後に、日本の耐震基準は高められた。建て主が建築工法を指定するのは間違いだと思う。

省エネ技術を学ぶのは建築士の役割である。建て主が断熱気密について知識を集めても、実際に役立つことはないだろう。省エネ技術は多くの失敗を重ねて学ぶものなのだ。

建築士は断熱・気密・換気についての理論を学ぶ前に、省エネ住宅の快適さを体験することが大切だ。本物の快適さを体験しなければ、断熱材を多用しても家全体の快適さは得られない。

それは料理を味見しないのと同じだ。

建築士の価値観は様々であり、建て主の価値観と一致するとは限らない。建築雑誌には一流建築士による奇抜なデザインの家がもてはやされている。アルミサッシが流行したこともあった。外張り断熱工法が流行したこともあった。建築業界は流行と失敗を繰り返す。だが、家の居住性だけは価値が変わらないものだと思う。建て主は建築士を選ぶ際に、その建築士が設計した家を見せてもらう必要があると思う。できれば、建築士の自宅を見せてもらうとよい。

かつて私の自宅には冬になると寒い地方から見学者が訪れた。広島からは一級建築士を連れて訪れた建て主もいた。私はその建築士に松山市の越智さんを紹介した。その後、広島からは何度か「生ガキ」が送られてきた。

山梨県身延町からは建て主が大工の棟梁を連れて日野市の自宅を訪れた。私は設計契約を交わし、棟梁が建築工事を請け負った。蓄熱式床暖房の施工は私が信頼する職方を紹介した。身延町では盛大な上棟式が行われ、私は主賓として屋根の上から餅をまいた。子どもの頃に餅を拾った私が、餅をまいていることに不思議な感情がこみ上げた。

身延町で行われた上棟式の様子

建て主の要望書

限られた予算の中で、希望通りの家を建てるには要望書が役に立つ。要望書とは、建て主が自分の要望を建築士に伝えるために必要だ。要望書には特別の書式はなく、自由に書けばよい。「これだけの予算で、こんな家が欲しい」と書けばよい。

要望は口頭で伝えるよりも紙に書く方が正確に伝わる。要望書は優先順位を決めるのにも役立つ。例えば、限られた予算の中で床暖房を採用するか太陽光発電を採用するか迷ったときは、居住性を優先させるとよい。

要望書には「できるだけ広く」など、あいまいな表現は避けた方がよい。玄関を広くと言っても、どの玄関と比較するのかは分からない。1坪とか、1・8メートルとか、具体的に伝える方がよい。

必要な部屋数や広さは自分で間取りを考えて要望書に加えることもできる。間取りを考えるのは楽しいものだ。主婦が考えた間取りは自分が住むための間取りであり、実用的だ。

要望書には日常の暮らしを意識して具体的に書くとよい。めったに起きないことや万が一のことを考えての間取りは、無駄が多い。娘の結婚相手も決まらないのに、二世帯住宅の間取りを考えても無駄になるかも知れない。

確実なことは、自分が高齢者になることである。自分が高齢者になったとき、安心して暮らせる家は必要だ。暑くなく、寒くなく、手入れが簡単な家がよい。床の段差だけでなく、家全体の温度差をなくすことも大切だ。

廊下や階段には手すりが必要になる。階段は急勾配ではなく、ゆったり上がりたい。このことを建築士に伝える必要がある。建築士が若ければ、気づくことはないからだ。

気に入った間取りができるまで、何度も設計図を書き直させることはできる。だが、工事が始まってからの変更は、建築業者にとって迷惑だ。

要望書には今住んでいる家についての不満を書いて、解決することも忘れずに。

工事請負代金の支払い

建築工事請負契約書には、請負代金の支払い方法が記されている。請負代金の支払いは建築工事の出来形に合わせて分割して支払う。例えば、契約時に1割・着工時に3割・中間時に3割・完成時に3割などと、分割して支払う。

資金手当てをするのは建て主の役割であり、住宅メーカーの営業マンに住宅ローンや住宅金融公庫の手続きを代行させるのは、建て主として失格だ。営業マンに主導権を握られるからである。

住宅金融公庫の最終金は建物の引き渡し時には間に合わない。そんなとき、建て主が完成時の支払いを延期することはできない。なぜなら、建築業者が職方への支払いに支障をきたすからだ。このことがトラブルの原因になることも珍しくない。各銀行にはつなぎ融資の制度があり、住宅金融公庫の最終融資を肩代わりしてくれる。

建築業者の中には、契約時に大金を要求する業者もいる。20年ほど前に倒産したF社では、契約時に請負金額の3分の1を、着工時に3分の1を支払うのが原則だった。F社が倒産したとき、基礎工事の段階で工事が中断した現場が多かった。被害に遭った建て主は、基礎工事の段階で請負代金の3分の2を支払っていた。

F社の倒産は計画倒産であり、負債総額は140億円と報じられた。F社では社長名義の資産はなく、住宅展示場のモデルハウスもリース会社の名義であった。

F社が倒産したことで、全国の下請け工務店は連鎖倒産の危機に追い込まれた。千葉県では、多額の不渡り手形を抱えた工務店の社長が無念な自殺をした。

被害に遭った建て主は裕福な人たちが多く、中には1億円の請負契約をして、6000万円以上の金額を支払った建て主もいた。大手業者なら安心だなどと、営業マンの値引きに惹かれて建築業者を選んだ建て主の哀れな姿である。

請負代金の支払いは、建て主にとっても建築業者にとっても重要な問題であり、不利益を防ぐための注意が必要だ。

価値観が変わる

家づくりの価値観は時代とともに変わる。高齢化時代を迎え、家の居住性はますます重要になるだろう。

北欧と日本の関東では省エネ技術に30年以上の時差がある。北海道と比べても20年以上の時差がある。北海道の人が東京へ行くと風邪をひくという。東京の家が寒いからだ。だが実際は、「東京の人は我慢強いなあ」という皮肉なのである。

これから家づくりをする人は、30年後の暮らしを考えて家を設計する必要があると思う。暑くなく寒くなく、自分が高齢者になったとき、安心して暮らせる家が必要だ。30年後には夏型結露の問題も解決されるだろう。それを先取りすることは大切だ。

あなたが快適な家を建てたければ、今住んでいる家についての不満に気づくことが何よりも大切だ。暑さ寒さ結露など居住性についての不満は、あなたが気づけばすべて解決できる。もしも不満に気づかなければ、家を建て替えても同じ不満が残るだろう。日本の家づくりを変えるのは建築業者ではなく、建て主の価値観である。居住性を優先する建て主もいれば、我慢強い建て主もいるからだ。

自分なりの価値観を持たない建て主は、建築業者の価値観で家を建てることになる。「おまかせします」という建て主に限って完成後の不満は多い。

家づくりは建て主次第だと、つくづく思う。同じ建築業者が建てた家でも、建て主が心から満足する場合と、そうでない場合とがあるからだ。

世の中に「よい建築業者」と「悪い建築業者」とがいる訳ではない。どの建築業者も自分では「よい建築業者」だと思っている。だが時には、建て主から「悪い建築業者」だと呼ばれることもある。そんなとき、建築業者が思うことは、「悪い建て主に」出会ったと後悔するのだ。あなたは「よい建て主」になれるだろうか。

トラブルを防ぐには

建築中には様々なトラブルが発生する。だが原因の多くは建て主の側にあり、建て主がそれに気づけば未然に防ぐことはできる。

値引きや駆け引きをする建て主はトラブルを発生させる。建築業者は値引きした金額を追加工事に上乗せし、取り戻そうとするからだ。追加工事の金額が高いと言われるのはそのためだ。

営業マンとの口約束はトラブルを発生させる。打ち合わせの度に必ずメモを交換することが大切だ。お互いに都合が悪いことは忘れやすい。

契約後に設計変更をする建て主はトラブルを発生させる。手配した材料が無駄になったり、職方の手配がつかず工期が遅れることもある。

断熱材の種類を指定する建て主はトラブルを発生させる。性能の高い断熱材は価格が高く、必要な厚さを確保するには予算が足りない。契約約款には、建て主が建築材料を指定した場合には、建築業者の責任は免除される旨の記載がある。家中が暑くても寒くても、その責任は建て主が負うことになるのだ。同様に、建て主が建築工法や施工方法を指定した場合には、不具合が生じても建築業者の責任は免除される。それらは建築士の役割であり、建て主が建築士の役割に口を挟めばトラブルが発生する。

照明器具などを支給する建て主はトラブルを発生させる。空の段ボールは産業廃棄物として建て主が処分しなければならない。

建築中の建物は建築業者の所有物であり、現場の責任者に声をかけてから内部に入る必要がある。床を仕上げた現場では土足禁止であり、スリッパを持参することも忘れずに。

工事中には騒音や工事車両の出入りなど、近隣に迷惑をかけることになる。近隣とは普段から良好な関係を保つこともトラブルの防止に役立つ。

トラブルを防ぐには、建て主が自覚を持つことだと私は思う。われわれ建築業者がトラブルに巻き込まれない確かな方法は、建て主としての自覚がない人の建築工事を請け負わないことだ。おかげで私はトラブルに巻き込まれたことは一度もない。

理想の家を建てるには

「理想の家」とは何か。あなたにとって「理想の家」とは何かを考えていただきたい。もっと敷地さえ広ければとか、お金さえあればとかいうのではない。今のあなたにとって、どんな家が完成すれば、心から満足できるのかと。

家づくりの目的は、健康で快適な暮らしを続けることだと思う。そのためには、何よりも家の居住性を優先して欲しい。家が完成したときに、「こんな筈ではなかった」と後悔する建て主が多いからだ。

30年後には家族構成も変わるだろう。だが、自分か高齢者になることは確実だ。暑くなく、寒くなく、自分が高齢者になったとき、安心して暮らせる家が「理想の家」だと思う。

「理想の家とは何か」と聞かれれば、「不満のない家」と私は答える。私は家を3度建て替えて、不満のない家に住んでいる。それは家の居住性を優先したからだ。初めて家づくりをする建て主でも、自分なりの価値観を持ち、価値観が一致する建築士に設計を依頼すれば、不満のない家は建てられる。

限られた予算の中で満足度の高い家を建てるには、建て主の要望書が役に立つ。優先順位に従って、要望を満たせばよい。予算が余ることはないだろう。

モデルハウスで体験

居住性の良し悪しを比較するにはモデルハウスで体験するのが一番だ。カタログを比べても快適さを知ることはできない。どのカタログにも「夏涼しく冬暖かい家」と書いてあるからだ。真夏の暑い日にウェルダンのモデルハウスを訪れる人は地中熱利用の涼しさを体験できる。1台のヒートポンプで2階の寝室も子ども部屋も廊下も涼しい。1階は1台のエアコンだけでリビングもキッチンも玄関も廊下も1階すべてが涼しい。各階に温度湿度計があり、梅雨時でも湿度が一定に保たれていることを確かめられる。

真冬の寒い日にモデルハウスを訪れる人は蓄熱式床暖房の快適さを体験できる。床面が暖かいのではなく、家全体が春のように暖かいのだ。当社のモデルハウスにはスリッパがない。どうぞスリッパを履かないで見学していただきたい。

2階には暖房器具はなく、前日の温度が保たれている。各室に計画換気の吸気口があり、寒

室外機が少ないウェルダンのモデルハウス

い外気が流入しても室温が下がらないことも確かめられる。

ウェルダンのモデルハウスは20年前に建てられた木造在来工法の建物である。10kwの地中熱ヒートポンプと7・6kwのエアコンだけで家全体を快適温度に保っている。

私は韓国でオンドルの暖かさを体験し、北欧で省エネ住宅の快適さを体験した。もしもこの体験がなかったら、省エネ技術を学ぶことはなかっただろう。

秋田県には「床下暖房」を30年も続

けている建築士がいる。高気密高断熱を学んだ建築士でも、床暖房の快適さを体験しなければ、温度ムラをなくすことはできないだろう。

「全館床暖房の家」で人気のＩ社では、市販のパネル式暖房を採用している。Ｉ社のカタログには、東大の工学博士である坂本雄三教授に技術指導を受けたと紹介されている。坂本教授は日本の省エネルギー基準を定める第一人者である。ヒートポンプの室外機が多いのは省エネ住宅の快適さを体験しなかったのだと思う。

あなたは北欧まで行かなくても、立川市で北欧と同等の快適さを体験できる。真冬の寒い日や真夏の暑い日に、ウェルダンのモデルハウスへぜひお越し下さい。

モデルハウスは一級建築士との出会いの場でもある。

目標を設定する

私は50歳のときあるセミナーに参加して、人生が一変した。それはポール・J・マイヤー氏による「成功のためのセミナー」であった。

マイヤー氏によれば、「成功とは価値ある目標に向けて歩き始めることが成功であり、目標が達成されたとき成功は終わる」という。成功は過去の成功ではなく、今ある人生のことである。今ある人生は過去に選択した結果であり、今日の選択が残りの人生を左右する。

一つの目標が達成されると次の目標が現れる。次々に目標を設定することで成功が続くのだという。

セミナーでは人生の目標を6分野に分け、トータルな人格を目指す。目標は紙に書くことにより鮮明になり、達成も早まる。私は早速目標を設定した。

健康面での目標は、規則正しい生活を送ること。定期的に健康診断を受け、適度な運動をすることなどを目標に設定した。

家庭面での目標は、家族と夕食を共にし、会話を楽しむ、家族の話に耳を傾ける、年に一度は家族旅行をするなどを設定した。

経済面での目標は、床暖房の自宅を建てる。モデルハウスを出展する。自社ビルを持つ。老後の暮らしを考えてアパート経営をする。

教養面での目標は、一級建築士の資格を取る。年に一度は北欧を訪れる。省エネ住宅の普及を目指して本を出版する。そして趣味のなかった私は囲碁の勉強を始めた。

社会面での目標は、家づくりを通して社会に貢献する。社員の暮らしを支援し、職方との技術交流を図る。「主婦のための設計教室」を開催する。

精神面での目標は、ストレスを溜めないことを目標にした。便秘も胃潰瘍もストレスが原因だ。もう二度と手術は受けたくない。

私は価値ある目標を設定し、その多くはすでに達成された。もしも目標を設定していなかったら、新聞の折り込みチラシを見ても、すぐに行動することはなかっただろう。

今では、不満を解消するために目標を設定し、不満を解消するために努力をする。だから私の人生には不満がない。不満のない人生が「理想の人生」だと思う。

日本は豊かな国であり、われわれは恵まれた時代に生きている。家には家電製品が溢れ、何不自由なく暮らしている。もしも足りないものがあるとすれば、それは家の居住性ではないかと思う。

居住性の高い家を建てるのか、世間体を気にした家を建てるのかは建て主の選択にかかっている。どんな家が完成しても、決して言い訳などすべきではない。そのためには、「本音」の目標に気づく必要がある。価値ある目標とは「本音」の目標のことである。

セミナーに参加しなくても、目標を設定することはできる。自分がどんな家に住み、そこでどんな暮らしをしたいのかを目標にすればよい。目標を設定したその日から、あなたの家づくりはスタートする。

終わりに

私は自分の家を持ちたくて建築業界に入った。トップセールスマンとして夜遅くまでがむしゃらに働いた。子育ては妻に任せ、家庭を顧みない「ダメオヤジ」だった。だから家庭の中に私の居場所はなかった。不安な毎日が続き、胃を切除するため50日間入院した。

セミナーに参加して私の人生は一変した。私は健康を取り戻し、家族との絆を修復させた。2人の息子は結婚し、可愛い孫にも恵まれた。折に触れ家族は集まり、私の居場所もその中にあった。

息子の1人は一流企業を退職して「ウェルダン」に入社した。法学部卒業の息子は日建学院に通い、13年の実務経験により一級建築士の資格を取得した。子どもは親の後ろ姿を見て育つとは、このことだと思う。

もしもセミナーに参加していなければ、今の自分はないだろう。そして本を出版することはなかっただろう。息子が「ウェルダン」を引き継いでくれることもなかっただろう。

私は残りの人生を楽しく生きようと思う。老人ホームやシェアハウスでは暮らしたくない。快適な家に住み、妻と楽しく暮らしたい。そのために目標を設定し、目標に向けて努力を続けることができたのだ。だから私には老後の暮らしに不安はない。

私は地域の囲碁クラブに参加し、有段者を相手に囲碁を楽しんでいる。囲碁は脳の活性化につながり、認知症の予防にも役立つ。

日本は世界中のどの国よりも自由であり、自分の人生を自分で選ぶことができる。だが日常生活に追われ、人生の目標もなく働き続ける人は多い。過労のため、健康を害した人もいる。他人の目を気にして、自分の本音に気づくこともない。

子どもの頃は、欲しいものがあれば泣いてでも手に入れた。だが大人になると他人の目を意識して、自分の「本音」に気づくことはない。不満だらけの家が建つのはそのためだ。「本当は床暖房の家を建てたかった」などと、言い訳をする人は多い。

他人に自慢する家を建てるより、自分が満足できる家を建てていただきたい。世間体よりも、居住性を優先して欲しい。

目標を設定するのは楽しいものだ。達成されたときの喜びを想像することで、目標に向けて努力することができる。大切なことは、価値ある目標は必ず達成できると信じることだ。どうぞ快適な家に住み、残りの人生を楽しく暮らしていただきたい。

この本を読んでいただいたことに感謝し、あなたの人生が楽しく豊かな人生であることを心から願うものである。

著者紹介

兼坂亮一（かねさか・りょういち）

昭和12年1月・横浜生まれ　中央大学法学部卒　一級建築士
株式会社ウェルダン会長
北欧の省エネ技術を学び、
東京の気候風土に適した省エネ住宅の普及を目指す。

主な著書

高齢化時代の家づくり　　けやき出版
省エネ時代の家づくり　　けやき出版

株式会社 ウェルダン

本社　東京都立川市栄町4－16－9
電話　042－525－2300
モデルハウス　東京都立川市泉町935－1
ハウジングワールド立川内
電話　042－525－8411

家づくりが変わる

2018年11月15日　第1刷発行

著者　兼坂 亮一

発行所　株式会社 けやき出版
東京都立川市柴崎町3-9-6
TEL 042-525-9909　FAX 042-524-7736

デザイン・DTP　ササキサキコ

印刷所　株式会社 アトミ

ISBN978-4-87751-589-8 C0052